AF622005

SAṀSKṚTA-SAṄGĪTA-RATNAŚATĪ

100 GEMS OF RARE MUSICAL COMPOSITIONS

KALIDASA ACADEMY OF SANSKRIT MUSIC & FINE ARTS SERIES NO.3

SAṀSKṚTA-SAṄGĪTA-RATNAŚATĪ

100 GEMS OF RARE MUSICAL COMPOSITIONS

COMPOSERS & EDITORS

PROF. J.S. KULSHRESHTHA
M.Mus.; M.Dip.; D.Mus.; Acharya
Ex.Principal
Institute of Music & Fine Arts
Jammu (J. & K.)

PROF. SUSHMA KULSHRESHTHA
D.Phil.;D.Litt.; F.R.A.S. (London)
Ex.Visiting University Professor
Department of Sanskrit
Ranchi University, Ranchi

EASTERN BOOK LINKERS
DELHI :: INDIA

Published
EASTERN BOOK LINKERS
5825, New Chandrawal, Jawahar Nagar
Delhi-110007
Phone: 2520287

© **Prof. Sushma Kulshreshtha**
Phone: 7120287

Kalidasa Academy of Sanskrit Music and Fine Arts Series No.3

Publication Secretary
Ms. Abha Kulshreshtha

First Edition : 1996

I.S.B.N. : 81-86339-42-6

EASTERN BOOK LINKERS EBL
RS. 650-

Printed in India
AMAR PRINTING PRESS, DELHI-110009
Phone : 7252362

कालिदास संस्कृत सङ्गीत कला एकेडमी ग्रन्थमाला सं. 3

संस्कृत-सङ्गीत-रत्नशती

(100 GEMS OF RARE MUSICAL COMPOSITIONS)

सङ्गीत-निर्मिति एवं सम्पादन

प्रो० जगदीश सहाय कुलश्रेष्ठ
एम० म्यूज़० ; एम० डिप० ; डी० म्यूज़० ; आचार्य
उपाध्यक्ष, कालिदास संस्कृत सङ्गीत
कला एकेडमी, दिल्ली

प्रो० सुषमा कुलश्रेष्ठ
डी० फ़िल० ; डी० लिट० एफ़० आर० ए० एस० (लन्दन)
निदेशिका, कालिदास संस्कृत सङ्गीत
कला एकेडमी, दिल्ली

ईस्टर्न बुक लिंकर्स

दिल्ली :: (भारत)

प्रकाशक :

ईस्टर्न बुक लिंकर्स

5825, न्यू चन्द्रावल, जवाहर नगर

दिल्ली-110007

दूरभाष : 2520287

© **प्रो॰ सुषमा कुलश्रेष्ठ**

दूरभाष : 7120287

कालिदास संस्कृत सङ्गीत कला एकेडमी

ग्रन्थमाला सं॰ 3

प्रकाशन-सचिव

कु॰ आभा कुलश्रेष्ठ

प्रथम संस्करण : 1996

I.S.B.N. 81-86339-42-6

EASTERN BOOK LINKERS EBL

Rs. 650-

मुद्रक :

अमर प्रिंटिंग प्रैस, दिल्ली-110009

दूरभाष : 7252362

DEDICATED TO

VENERABLE PROF. SUMATI MUTATKAR

A GREAT DOYEN OF

INDIAN MUSIC & MUSICOLOGY

ON THE AUSPICIOUS OCCASION OF HER

80th

BIRTH ANNIVERSARY

ON

ANANTACATURDAŚĪ, THE 26ṭḥ SEPTEMBER, 1996

(AMṚTAMAHOTSAVA)

वाग्देवीं प्रणिपत्य काव्यजननीं विद्याकलाधीश्वरीं
वन्दे श्रीसुमतीश्वरीं सुवदनीं श्रेयस्करीं सादरम् ।
तस्यै रत्नशतीं मुदा शुभकरीं साङ्गीतिकीमर्पये
गन्धर्व्यै मधुरस्वने सुमधुरे पीयूषवर्षोत्सवे ॥

Jagdish Sahai Kulshreshtha

Sushma Kulshreshtha

FOREWORD

100 Gems of Rare Musical Compositions *(Saṁskṛta-Saṅgīta-Ratnaśatī)*, a garland of 100 flower-gems in the form of rare musical compositions by renowned poets and composers is a warm and tender felicitation offered by a friend Prof. Jagdish Sahai Kulshreshtha and a disciple Prof. Sushma Kulshreshtha to an eminent musician and learned musicologist Prof. Sumati Mutatkar, a great *doyen of Indian Music* on the auspicious occasion of her 80th birth anniversary.

This volume divided into ten sections comprising 100 beautiful compositions by eminent *vaggeyakāras* presents a wide range of 64 rare and appealing *rāgas* and a number of *tālas*. These compositions, divided theme-wise into different sections are presented in the traditional format of Hindustani Music. Composed by renowned masters, these songs reveal the rich treasures of musical thought and creativity. *Saṁskṛta-Saṅgīta-Ratnaśatī* is multi-dimensional in approach and is remarkable for its variety of *rāgas* and varied compositions as well as its scholarly and scientific treatment. It should prove highly informative and useful to musicians, musicologists, researchers, artists, composers, teachers, students and connoisseurs alike.

I take this opportunity to congratuate the two distinguished composers and editors Prof. J.S. Kulshreshtha and Dr. Sushma Kulshreshtha for bringing out an epitome of *Saṅgīta, Sāhitya* and *Kalā* in the form of this illustrious volume presented in honour of an eminent musician and musicologist and our reverend friend Prof. Sumatiji. The distinguished contributors equally deserve our heartiest congratulations for their distinct contributions. It is most befitting that this volume *100 Gems of Rare Musical Compositions* is dedicated to Prof. Sumati Mutatkar on her auspicious 80th birth anniversary. She was presented with a Felicitation Volume *Sumati-Saṅgītābharaṇam* by the same editors at her completion of 77 years of life, the figure of double seven symbolizing her lifelong *Sapta-Svara-Sādhanā*.

I cannot help recount here some of my personal experiences with her. About twentyfive years ago, when the Department of Music of the Delhi University was located in the old barracks, I had the chance of meeting Dr.

(Mrs.) Sumati Mutatkar, who was then the Head of the Department. I had heard about her as an eminent scholar and musician, and also had the privilege of listening to her recitals on the All India Radio, which had converted me into one of her admirers, but it was meeting her in person that made me aware of her other remarkable qualities.

In the very first meeting with her, I discovered her warm, affectionate, humane and caring personality. As the time passed and I had more occasions of meeting her as a fellow provost of a hostel, Dean of the Faculty of Management, and later as Director of South Campus, I discovered more and more beautiful and varied facets of her personality.

In Mrs. Mutatkar, I not only found an erudite scholar, who is extremely modest in spite of her vast knowledge, but also an able administrator and an institution builder with a farsighted vision. On each occasion when I would meet her, her deep commitment to build up the Department of Music would come up. She would discuss with tremendous enthusiasm her dreams and plans for the new building, for the hostel, for new kinds of programmes and development of her colleagues.

Against all odds, her perseverence, her devotion, and her pursuasiveness led to the shaping up of the Faculty of Music not only to have its building close to the Shankarlal Music Auditorium, but also to give it the stature and traditions that have made it one of the most distinguished institutions of higher education in music in the country.

The deep concern and interest that Mrs. Mutatkar has in the development of her younger colleagues and students, is a most inspiring experience. The patience, love and care, and encouraging attitude that she has towards her students and young colleagues has earned her the gratitude and deep appreciation of all those who have come in touch with her. When I see her helping her students and young colleagues, I am reminded of the following passages written by Khalil Gibran "On Teaching" in his famous book *The Prophet* :

"The teacher who walks in the shadow of the temple, among his followers, gives of not his wisdom but rather his faith and his lovingness.

If he is indeed wise he does not bid you enter the house of his wisdom, but rather leads you to the threshold of your own mind.

The astronomer may speak to you of his understanding of space, but he cannot give you his understanding.

The musician may sing to you of the rhythm which is in all space, but he cannot give you the ear which arrests the rhythm nor the voice that echoes it.

And he who is versed in the science of numbers can tell of the regions of weight and measure, but he cannot conduct you thither.

For, the vision of one man lends not its wings to another man."

Mrs. Mutatkar has not only given her faith and lovingness to her colleagues, students and disciples, and thereby helped them to learn and grow, but has also contributed significantly to the development of the field of Musicology. She is an untiring learner and scholar. When I meet her, I find her engrossed in her search for knowledge, reading, writing, addressing audiences about music, and of course, doing her *Riyaz* and giving performances. She has an amazing combination of a musician, a scholar, an administrator and an institution builder in her personality. And above all, she is one of the most humane and noble persons I have come across in my life.

Mrs. Mutatkar's imprint is felt in all facets of the Faculty of Music, and when I meet her colleagues or go to the Faculty, I am reminded of the couplet :

Is tarah rah kar caman men zindagī apnī guzār,
Ro-en tamām umra tujhko hamsafeerān-e-caman.

(Live your life in such a distinct way in the garden where you live, that when you are away from it, then all those who reside in that garden miss you and remember you throughout their life.)

I join all her friends and well-wishers in praying for her long life, continuing guidance and inspiration to musicians, scholars and students, and more of her rich contribution to the development of music.

DELHI
Śrīkṛṣṇajanmāṣṭamī
5.9.1996

ABAD AHMED
Pro-Vice-Chancellor
University of Delhi

EDITORIAL

नित्यैश्वर्यवती महागुणवती कन्यावती भास्वती
सन्नैपुण्यवती स्वरप्रियवती प्राज्ञेश्वरी शाश्वती ।
वासन्ती पिकसुन्दरी श्रुतिसुखालापे स्वयं पञ्चमी
तां वन्दे सुमतीश्वरीमभयदां विद्याकलाधीश्वरीम् ॥

Today, on the auspicious occasion of *Anantacaturdaśī*, it is our proud privilege to offer our adorations to the venerable Prof.(Mrs.) Sumati Mutatkar, Fellow, Sangeet Natak Akademi in the form of this Vaijayantīmālā—*Saṁskṛta-Saṅgīta-Ratnaśatī* being presented to her on her 80ṭḥ birth anniversary, the *Amṛtamahotsava*.

We are happy to present this volume *Saṁskṛta-Saṅgīta-Ratnaśatī* comprising 100 rare musical compositions that have been included to serve as a *floral felicitation of vāk* to the genius of the grand savant Prof. Sumati Mutatkar, who is a rare blend of a great connoisseur of literature and music, a scholar of Marathi and Sanskrit, a gifted musician and musicologist, a talented artiste and composer, a fluent orator and educationist, a Director and Deputy Chief Producer of Music, a Professor and Dean, Faculty of Music & Fine Arts, University of Delhi, a Fellow of Sangeet Natak Akademi and a recipient of Sahitya Kala Parishad Award and many other laurels. This volume *100 Gems of Rare Musical Compositions* is divided into ten sections:

(i) Saṅgīta-Nārāyaṇīyam
(ii) Stotra-Saṅgīta-Mañjarī
(iii) Ṛtu-Saṅgīta-Ratnāvalī
(iv) Malhāra-Mandākinī
(v) Tānasena-Dhrupada-Rāmaṇīyakam
(vi) Ṭhumari-Pallavī
(vii) Vividha-Rāga-Taraṅgiṇī
(viii) Apracalita-Rāga-Kalpalatā
(ix) Sumati-Saṅgītābharaṇam
(x) Kālidāsa-Saṅgīta-Vaijayantīmālā

This volume comprises 100 rare and beautiful musical compositions by famous poet-musicians, eminent artists and composers like Kālidāsa, Vallabhācārya, Jayadeva, Tānasena, Bahadur Shah Zafar 'Shokharaṅga', Pt. Lalanapiyā, Pt. Bindādīna, Pt. Kunvara Śyāma, Pt. Raja Bhaiyya Poonchawale, Dr. Shrikrishna Narayana Ratanjanakara, Pt. Narayana Lakshman Gune, Pt. Govind Narayana Natu, Master Manhar Barve, Pt. Balabhau Umadekar, Prof. Dhruvatara Joshi, Prof. Sumati Mutatkar, Smt. Kamlesh Kumari Kulshreshtha, Pt. Lakshman Prasad, Pt. Mukund Vishnu Kalavinta, Prof. Jiyalal Kulshreshtha, Ustad Aman Ali Khan, Ustad Amar Ali Khan, Ustad Iqbal Ahmed Khan, Ustad Gulam Sadiq Khan and many others.

This work opens with *Saṅgīta-Nārāyaṇīyam*, the section I which is a beautiful collection of sixteen devotional songs composed in praise of Lord Nārāyaṇa and His other epithets and set to music in different *rāgas* like *Durgā, Mālakośa, Khamāja, Śuddha-Sāraṅga, Rāgeśrī, Haṁskiṅkiṇī, Paṭadvīpa, Aḍānā, Kāfī, Yamana* and in many *tālas*. *Stotra-Saṅgīta-Mañjarī*, the section II comprises nine *Stotras* of Lord Gaṇeśa, Goddess Vīṇāvādinī Śāradā, Rādhā, Lord Maheśvara and others set to music in *rāgas* like *Guṇakrī, Deśakāra, Mālaguñjī, Bāgeśrī, Māravā* and *Hamīra* etc. *Ṛtu-Saṅgīta-Ratnāvalī*, the section III consisting of nine seasonal songs set to music in seasonal *rāgas* like *Bahāra, Rāgeśrī, Deśa* etc. paints the picturesque panoramic view of *Vasanta*, the Spring, *Varṣā*, the rainy and *Śarad*, the autumn seasons. *Malhāra-Mandākinī*, the section IV comprising seven seasonal songs depicting different aspects of rainy season and set to music in one or the other variety of *Malhāra* presents the rainy season incarnate before the connoisseur. Herein, the reader or listener would relish *Miyānmalhāra, Gauḍamalhāra, Meghamalhāra, Naṭamalhāra* and *Sūradāsīmalhāra*. This section is enriched by three rare compositions by Kunvara Śyāma.

Tānasena-Dhrupada-Rāmaṇīyakam, the section V is adorned with seven famous *dhrupada*-compositions by Miyān Tānasena in *rāgas Śaṅkarā, Hiṇḍola, Mehamalhāra, Mālakośa, Khaṭa, Toḍī* and *Miyāmalhāra* respectively. *Ṭhumarī-Pallavī*, the section VI is embellished with eight *Ṭhumarī*-compositions by Pt. Lalanapiyā, Pt. Bindādīna and others set to music in *rāgas Khamāja, Vṛndāvanīsāraṅga* and *Śahānā*, suited for *Ṭhumarī*-styled compositions. *Vividha-Rāga-Taraṅgiṇī*, the section VII consists of eight songs composed in a variety of *rāgas* like *Bhūpālī, Sohanī, Jogakaunsa, Yamana, Bihāga, Ābhogī* and *Tilakakāmoda*. *Apracalita-Rāga-Kalpalatā*, the section VIII is a collection of eleven songs by stalwarts like Bahadur Shah Zafar 'Shokharanga', Ustad Iqbal Ahmed Khan, Ustad Amar Ali Khan, Dr Shrikrishna Narayana Ratanjanakar, Pt. Lakshman Prasad, Pt. Balabhau Umadekar, Prof. Dhruvatara Joshi and others. The compositions of this section are set to music in a variety of rare and beautiful *rāgas* like *Śivarañjanī, Kamalarañjanī, Nāyakībahāra, Sūhā, Sugharāī, Bihāgaḍā, Sarasvatī, Śivamatabhairava, Sanamaganama, Maiharekubha (Cāndanīkedāra)* and *Khaṭa*.

Sumati-Saṅgītābharaṇam, the Section IX comprises ten beautiful compositions entitled *Śrīgaṇeśastutiḥ, Śivaśaṅkara, Śyāmasundara, Parabrahmastuti, Vasantakeli, Nādataraṅga, Rādhikā, Kadambaśrī, Rasaraṅga* and *Māyā* by Prof. Sumati Mutatkar, a great *doyen of Indian Music*. All these compositions are set to music by her in rare and appealing *rāgas* like *Bhūpalatoḍī, Naṭabhairava, Śyāmakalyāṇa, Ahīrabhairava, Hiṇḍolabahāra, Durgā (Khamāja Mela), Pūriyādhanāśrī, Miyān kī Sāraṅga, Hemanaṭa* and *Gaurī* respectively in four different styles of North Indian Music, *viz., Dhrupada, Dhamāra, Sādarā* and *Khyāla*.

Kālidāsa-Saṅgīta-Vaijayantīmālā, the Section X is a lustrous *Vaijayantī* garland comprising fifteen compositions from the seven world-famous works of Dīpaśikhākālidāsa, all set to music by nine members of Kulshreshtha family. This last section opens with *Dīpaśikhākālidāsapraṇītā-Pārvatīparameśvarastutiḥ* consisting of three devotional songs eulogizing Pārvatī-Parameśvara, Parameśvara and Maheśvara set to music in *rāgas Śaṅkarā, Hiṇḍola* and *Mālakośa* respectively. All these three *Stutis* are from the three works of Kālidāsa, *viz., Raghuvaṁśa, Mālavikāgnimitra* and *Abhijñānaśākuntala* respectively. Then follows a sub-section entitled *Ṛtusaṁhāra-Saṅgīta-Surabhiḥ* that comprises six seasonal songs from *Ṛtusaṁhāra* set to music in *rāgas* like *Jayajayavantī, Miyānmalhāra, Bahāra, Lalita, Yamana* and *Vasanta* and paints the picturesque panoramic view of *Grīṣma*, the summer, *Varṣā*, the rainy, *Śarad*, the autumn, *Hemanta*, the dewy, *Śiśira*, the winter and *Vasanta*, the Spring, the king of all seasons respectively. *Meghadūta-Saṅgīta-Pallavī* is next sub-section which consists of three songs from *Meghadūta* depicting the love-lorn Yakṣī and the message of Yakṣa set to music in rāgas *Nārāyaṇī, Khambāvatī* and *Lalita* respectively. Then follow *Kumārasambhava-Saṅgīta-Dhavalaśrīḥ* and *Raghuvaṁśa-Saṅgīta-Dīpaśikhā* comprising two compositions from the two epic poems of Kālidāsa---*Kumārasambhava* and *Raghuvaṁśa* set to music by a grand savant of music Smt. Kamlesh Kumari Kulshreshtha in *rāgas Darabarī Kānaḍā* and *Sohanī* respectively. *Vikramorvaśīya-Saṅgīta-Mohinī* presents *Urvaśī-madanagītam* set to music by Ms. Abha Kulshreshtha in *Rāga Kedāra*. *Mālavikāgnimitra-Saṅgīta-Mañjarī* is adorned with *Mālavikāgītiḥ* set to music by Dr. Aruna Mohan Kulshreshtha in *Rāga Vasanta*. The last composition of this section is *Abhijñānasākuntala-Saṅgīta-Aruṇaśrīḥ* that presents *Haṁspadikā-Rāgaparivāhiṇī-Gītiḥ* set to music by

Ms. Parijatamanjari Kulshreshtha in *Rāga Śivarañjanī*. At the end of this volume are appended *Rāgānukramaṇikā*, *Gītānukramaṇikā*, *Vāggeyakārānukramaṇikā*, Brief Biographical Sketch of Prof. Sumati Mutatkar, Excerpt-Embellishment, Brief Biographical Sketch of Prof. J.S. Kulshreshtha and Prof. Sushma Kulshreshtha.

We have only pointed out here same of the special features of this volume and leave the rest to the connoisseur and discerning reader of Indian Music and Musicology.

We wish to express our gratitude to the venerable Prof. Abad Ahmed, Pro-Vice-Chancellor, University of Delhi for recording the Foreword to *Saṁskṛta-Saṅgīta-Ratnaśatī*.

We are extremely grateful to all our *gurus* and friends who have kindly given us the rare compositions that adorn this volume. We wish to place on record our gratitude and indebtedness to all our friends, colleagues, disciples and Prof. Sumati Mutatkar's admirers who spontaneously offered their valuable services and made themselves available to us in the preparation and printing of this volume.

To carry out the publication of this volume was not an easy task. Shri Sham Lal Malhotra, Proprietor, Eastern Book Linkers, Shri Hira Lal, Proprietor Amar Printing Press, Shri Ravi Malhotra, Shri Inder Raj and Mrs. Veena (computer operators) deserve our special thanks for making this possible. Shri Sham Lal Malhotra and the band of his workers have worked day and night and through their careful efficiency, this volume consisting of 288 pages could be published in a period of 51 days (from 7.8. 1996 to 26.9. 1996, the eightieth birth anniversary of Prof. Sumatiji).

In the end, through this volume *Saṁskṛta-Saṅgīta-Ratnaśatī*, on the auspicious occasion of her 80th birth anniversary, her *Amṛtamahotsava*, we offer our heartiest felicitations to our reverend Prof. Sumati Mutatkar and wish her celebration and composition, consciousness and creativity, dynamism and divinity, feast and festivity, health and happiness. music and merriment, orchestra and ornamentation, peace and prosperity, wealth and wisdom and a life of more than hundred years to serve the cause of humanity and music. May Goddess Bhagavatī bestow on her Her choicest blessings:

श्रद्धेया सुमतीश्वरी मतिमतां जीव्यादनन्तं समाः ।

Delhi
Anantacaturdaśī
26.9.1996

J.S. KULSHRESHTHA
SUSHMA KULSHRESHTHA

CONTENTS

Section I

सङ्गीत-नारायणीयम् 23-51

Saṅgīta-Nārāyaṇiyam

Section II

स्तोत्र-सङ्गीत-मञ्जरी 53-69

Stotra-Saṅgīta-Mañjarī

Section III

ऋतु-सङ्गीत-रत्नावली 71-87

Ṛtu-Saṅgīta-Ratnāvalī

Section IV

Section V

Section VI

Section VII

विविध-राग-तरङ्गिणी 145-161

Vividha-Rāga-Taraṅgiṇī

Sectiion VIII

अप्रचलित-राग-कल्पलता 163-181

Apracalita-Rāga-Kalpalatā

Section IX

सुमति-सङ्गीताभरणम् 183-206

Sumati-Saṅgītābharaṇam

Section X

SECTION I

सङ्गीत-नारायणीयम्

Saṅgīta-Nārāyaṇīyam

मधुराष्टकम्

काव्यनिर्मितिः—श्रीमद्वल्लभाचार्यस्य

सङ्गीतनिर्मितिः—प्रो. जगदीश सहाय कुलश्रेष्ठः (दिल्ली)

अधरं मधुरं वदनं मधुरं नयनं मधुरं हसितं मधुरम्।
हृदयं मधुरं गमनं मधुरं मधुराधिपतेरखिलं मधुरम्॥ 1॥

वचनं मधुरं चरितं मधुरं वसनं मधुरं वलितं मधुरम्।
चलितं मधुरं भ्रमितं मधुरं मधुराधिपतेरखिलं मधुरम्॥ 2॥

वेणुर्मधुरो रेणुर्मधुरः पाणिर्मधुरः पादौ मधुरौ।
नृत्यं मधुरं सख्यं मधुरं मधुराधिपतेरखिलं मधुरम्॥ 3॥

गीतं मधुरं पीतं मधुरं भुक्तं मधुरं सुप्तं मधुरम्।
रूपं मधुरं तिलकं मधुरं मधुराधिपतेरखिलं मधुरम्॥ 4॥

करणं मधुरं तरणं मधुरं हरणं मधुरं रमणं मधुरम्।
वमितं मधुरं शमितं मधुरं मधुराधिपतेरखिलं मधुरम्॥ 5॥

गुञ्जा मधुरा माला मधुरा यमुना मधुरा वीची मधुरा।
सलिलं मधुरं कमलं मधुरं मधुराधिपतेरखिलं मधुरम्॥ 6॥

गोपी मधुरा लीला मधुरा युक्तं मधुरं भुक्तं मधुरम्।
दृष्टं मधुरं शिष्टं मधुरं मधुराधिपतेरखिलं मधुरम्॥ 7॥

गोपा मधुरा गावो मधुरा यष्टिर्मधुरा सृष्टिर्मधुरा।
दलितं मधुरं फलितं मधुरं मधुराधिपतेरखिलं मधुरम्॥ 8॥

इति श्रीमद्वल्लभाचार्यकृतं मधुराष्टकं सम्पूर्णम्।

मधुराष्टकम्

राग दुर्गा – ताल कहरवा

X				2				X				2			
म	प	ध	–	ध	ध	ध	–	म	म	प	–	प	प	प	–
अ	ध	रं	ऽ	म	धु	रं	ऽ	व	द	नं	ऽ	म	धु	रं	ऽ
ध	रें	सं	–	सं	सं	ध	–	म	म	रे	–	ध	रे	स	–
न	य	नं	ऽ	म	धु	रं	ऽ	ह	सि	तं	ऽ	म	धु	रं	ऽ
ध	ध	म	–	म	म	प	–	ध	ध	सं	–	ध	रें	सं	–
हृ	द	यं	ऽ	म	धु	रं	ऽ	ग	म	नं	ऽ	म	धु	रं	ऽ
रें	रें	सं	–	सं	सं	ध	–	म	म	रे	–	ध	रे	सस	–
म	धु	रा	ऽ	धि	प	ते	ऽ	र	खि	लं	ऽ	म	धु	रम्	ऽ
ध	स	रे	–	रे	रे	रे	–	ध	ध	स	–	स	स	स	–
व	च	नं	ऽ	म	धु	रं	ऽ	च	रि	तं	ऽ	म	धु	रं	ऽ
स	रे	सरे	म	म	म	म	–	रे	म	रेम	प	प	प	प	–
व	स	नं	ऽ	म	धु	रं	ऽ	व	लि	तं	ऽ	म	धु	रं	ऽ
म	प	मप	ध	ध	ध	ध	–	प	ध	पध	सं	सं	सं	सं	–
च	लि	तं	ऽ	म	धु	रं	ऽ	भ्र	मि	तं	ऽ	म	धु	रं	ऽ
ध	रें	सं	–	सं	सं	ध	–	म	म	रे	–	ध	रे	सस	–
म	धु	रा	ऽ	धि	प	ते	ऽ	र	खि	लं	ऽ	म	धु	रम्	ऽ
म	प	ध	–	ध	ध	ध	–	सं	ध	सं	–	सं	सं	सं	–
वे	ऽ	णु	ऽ	र्म	धु	रो	ऽ	रे	ऽ	णु	ऽ	र्म	धु	रः	ऽ
ध	सं	रें	–	रें	रें	रें	–	ध	ध	सं	–	सं	सं	सं	–
पा	ऽ	णि	ऽ	र्म	धु	रः	ऽ	पा	ऽ	दौ	ऽ	म	धु	रौ	ऽ
सं	सं	सं	–	मं	मं	रें	–	रें	रें	ध	–	रें	रें	स	–
नृ	ऽ	त्यं	ऽ	म	धु	रं	ऽ	स	ऽ	ख्यं	ऽ	म	धु	रं	ऽ
ध	रें	सं	–	सं	सं	ध	–	म	म	रे	–	ध	रे	सस	–
म	धु	रा	ऽ	धि	प	ते	ऽ	र	खि	लं	ऽ	म	धु	रम्	ऽ

श्रीकृष्णकेलिकला*

राग मालकोश - ताल कहरवा

काव्यनिर्मितिः—श्रीजयदेवस्य

सङ्गीतनिर्मितिः—पं. मुकुन्द विष्णु कालविण्टः (वाराणसी)

चन्दनचर्चितनीलकलेवरपीतवसनवनमाली ।
केलिचलन्मणिकुण्डलमण्डितशब्दयुगस्मितशाली ॥ चन्दनचर्चित....
हरिरिह मुग्धवधूनिकरे विलासिनि विलसति केलिपरे ॥चन्दनचर्चित....

कापि विलासविलोलविलोचनखेलनजनितमनोजम् ।
ध्यायति मुग्धवधूरधिकं मधुसूदनवदनसरोजम् ॥चन्दनचर्चित....

केलिकलाकुतुकेन च काचिदमुं यमुनाजलकूले ।
मञ्जुलवञ्जुलकुञ्जगतं विचकर्ष करेण दुकूले ॥चन्दनचर्चित....

*श्रीजयदेवप्रणीतात् गीतगोविन्दतः ।

राग मालकोश - ताल कहरवा

काव्यनिर्मितिः—श्रीजयदेवस्य

सङ्गीतनिर्मितिः—पं. मुकुन्द विष्णु कालविण्टः (वाराणसी)

2				X				2				X			
—	सं	सं	सं	ध	नी	ध	म	—	ग	म	सं	ध	नी	ध	म
ऽ	च	न्द	न	च	ऽ	र्चि	त	ऽ	नी	ल	क	ले	ऽ	व	र
—	ग	ग	ग	म	म	नी	नी	ध	नी	ध	म	म	—	—	—
ऽ	पी	त	व	स	न	व	न	मा	ऽ	ली	ऽ	ऽ	ऽ	ऽ	ऽ
सं	सं	सं	नी	सं	—	सं	सं	ध	—	म	म	नी	—	नी	नी
ऽ	के	लि	च	ल	ऽ	म्म	णि	कु	ऽ	ण्ड	ल	म	ऽ	ण्डि	त
सं	सं	सं	गं	सं	—	नी	ध	सं	—	नी	ध	म	ग	म	—
ऽ	श	ब्द	यु	ग	ऽ	स्मि	त	शा	ऽ	ली	ऽ	ऽ	ऽ	ऽ	ऽ
सं	सं	सं	सं	सं	—	गं	सं	नी	सं	ध	नी	सं	—	—	—
ह	रि	रि	ह	मु	ऽ	ग्ध	व	धू	ऽ	नि	क	रे	ऽ	ऽ	ऽ
गं	सं	नी	नी	सं	नी	ध	ध	सं	—	नी	ध	म	—	—	—
वि	ला	सि	नि	वि	ल	स	ति	के	ऽ	लि	प	रे	ऽ	ऽ	ऽ

X				2				X				2			
सं	—	ध	नी	सं	—	सं	सं	ध	—	म	म	सं	—	सं	सं
का	ऽ	पि	वि	ला	ऽ	स	वि	लो	ऽ	ल	वि	लो	ऽ	च	न
नीसं	गं	सं	सं	ध	नी	ध	सं	नी	सं	ध	नी	ध	नी	सं	—
खेऽ	ऽ	ल	न	ज	नि	त	म	नो	ऽ	जं	ऽ	ऽ	ऽ	ऽ	ऽ
सं	गं	सं	नी	नी	सं	नी	ध	ध	नी	ध	म	म	ध	म	ग
ध्या	ऽ	य	ति	मु	ऽ	ग्ध	व	धू	ऽ	र	धि	कं	ऽ	म	धु
नी	—	ध	म	सं	सं	नी	ध	गं	—	सं	नी	ध	नी	सं	—
सू	ऽ	द	न	व	द	न	स	रो	ऽ	जम्	ऽ	ऽ	ऽ	ऽ	ऽ
सं	—	ध	नी	सं	—	सं	सं	ध	—	म	म	सं	—	सं	सं
के	ऽ	लि	क	ला	ऽ	कु	तु	के	ऽ	न	च	का	ऽ	चि	द
नीसं	गं	सं	सं	ध	नी	ध	सं	नी	सं	ध	नी	ध	नी	सं	—
मुऽ	ऽ	य	मु	ना	ऽ	ज	ल	कू	ऽ	ले	ऽ	ऽ	ऽ	ऽ	ऽ
सं	गं	सं	नी	नी	सं	नी	ध	ध	नी	ध	म	म	ध	म	ग
म	ऽ	ञ्जु	ल	व	ऽ	ञ्जु	ल	कु	ऽ	ञ्ज	ग	तं	ऽ	वि	च
नी	—	ध	म	सं	—	नी	ध	गं	—	सं	नी	ध	नी	सं	—
क	ऽ	र्ष	क	रे	ऽ	ण	दु	कू	ऽ	ले	ऽ	ऽ	ऽ	ऽ	ऽ

यशोदानन्दन

राग खमाज — ताल त्रिताल

सङ्गीतनिर्मिति : पं. मुकुन्द विष्णु कालविंट (वाराणसी)

हौं इक नई बात सुनि आई ।
महरि जसोदा ढोटा जायो घर घर होत बधाई ॥
द्वारे भीर गोप गोपिन की महिमा बरनि न जाई ।
अति आनन्द होत गोकुल में रतन भूमि सब छाई ॥

स्थाई

2				0				3				X			
नी	–	सं	रें	नी	सं	–	नी̲	ध	नी̲	प	ध	नी	–	सं	–
हौं	ऽ	इ	क	न	ई	ऽ	बा	ऽ	त	सु	नि	आ	ऽ	ई	ऽ
म	नी̲	ध	नी	सं	नी	सं	–	नी	सं	नी	सं	नी	सं	नी̲	ध
म	ह	रि	ज	सो	ऽ	दा	ऽ	ढो	ऽ	टा	ऽ	जा	ऽ	यो	ऽ
नी	सं	रें	रें	नी	–	सं	सं	नी̲	–	ध	–	नी	–	सं	–
घ	र	घ	र	हो	ऽ	त	ब	धा	ऽ	ई	ऽ	ऽ	ऽ	ऽ	ऽ

अन्तरा

2				0				3				X			
म	नी	ध	नी	सं	नी	सं	सं	नी	नी	सं	–	नी	सं	नी̲	ध
द्वा	ऽ	रे	ऽ	भी	ऽ	र	गो	ऽ	प	गो	ऽ	पि	न	की	ऽ
नी	सं	रें	–	नी	नी	सं	सं	नी̲	–	ध	–	नी	–	सं	–
म	हि	मा	ऽ	ब	र	नि	न	जा	ऽ	ई	ऽ	ऽ	ऽ	ऽ	ऽ
म	नी̲	ध	नी	सं	नी	सं	सं	नी	सं	रें	सं	नी	सं	नी̲	ध
अ	ति	आ	ऽ	न	ऽ	न्द	हो	ऽ	त	गो	ऽ	कु	ल	में	ऽ
नी	सं	रे	रें	नी	नी	सं	सं	नी̲	–	ध	–	नी	–	सं	–
र	त	न	भू	ऽ	मि	स	ब	छा	ऽ	ई	ऽ	ऽ	ऽ	ऽ	ऽ

मोहन

राग शुद्धसारंग - ताल त्रिताल

काव्यनिर्मिति एवं सङ्गीतनिर्मिति : पं. लक्ष्मण प्रसाद (जयपुर)

मोरा री मन लागो मोहन संग
एक घरी चैन न मोहे आवे।
जतन बता कोई ऐसो मोरी आली
कहे लक्ष्मण मोहे मोहन दरश दिखावे ॥

स्थाई

0				3				X				2			
ऩीस	रेस	रेम॑	पम॑	पनी	संनी	पम	रेम	रे	–	स	प़	ऩी	ध़	स	ऩी
मोऽ	ऽऽ	राऽ	ऽऽ	रीऽ	ऽऽ	मऽ	नऽ	ला	ऽ	गो	मो	ह	न	सं	ग
ऩीस	रेस	रेम॑	पम॑	पनी	संनी	पम	रेम	रे	–	स	प़	प़	ऩी	रे	स
मोऽ	ऽऽ	राऽ	ऽऽ	रीऽ	ऽऽ	मऽ	नऽ	ला	ऽ	गो	मो	ए	क	घ	री
रे	म॑	ध	प	नी	रें	संनी	संरें	संनी	पम	पध	पम	रेस	रेम	रेस	ऩीस
चै	ऽ	न	न	मो	हे	आऽ	ऽऽ	ऽऽ	ऽऽ	ऽऽ	ऽऽ	ऽऽ	ऽऽ	ऽऽ	वेऽ

अन्तरा

0				3				X				2			
म	रे	म	प	नी	–	सं	रें	नी	नी	नी	–	सं	नीध	नी	प
ज	त	न	ब	ता	ऽ	को	ई	ऐ	सो	मो	ऽ	री	आऽ	ऽ	ली
मं	रें	नी	सं	नी	प	म॑	प	रेम॑	पम	रे	स	नी	ध	सं	नी
क	हे	ल	ऽ	क्ष	ण	मो	हे	मोऽ	ऽऽ	ह	न	द	र	श	दि
ऩीस	रेस	रेम॑	पम॑	रेस,	रेम॑	पम॑	पनी	संनी	पम॑,	पनी	संनी	संरें	मंमं	रेंसं	नीसं
खाऽ	ऽऽ	ऽऽ	ऽऽ	ऽऽ,	ऽऽ	ऽऽ	ऽऽ	ऽऽ	ऽऽ,	ऽऽ	ऽऽ	ऽऽ	ऽऽ	ऽऽ	वेऽ

बिहारी

राग रागेश्री — ताल एकताल

सौजन्य : प्रो. के. के. मुकर्जी "नीलू बाबू" (इलाहाबाद)

देखो सखी किती देर भई आये ना बिहारी।
सज के सोले सिंगार देखत मग बार-बार।
अजहूँ न आये सखि बाँके बिहारी॥

स्थाई

X		0		2		0		3		4	
म	ग	रे	स	ध़	ऩी	सरे	गम	ग	म	–	–
दे	खो	स	खी	कि	ती	देऽ	ऽर	भ	ई	ऽ	ऽ
म	ध	ध	ध	–	ध	मध	नीध	रेंसं	नीध	मग	रेस
आ	ऽ	ये	ना	ऽ	वि	हाऽ	ऽऽ	ऽऽ	रीऽ	ऽऽ	ऽऽ

अन्तरा

X		0		2		0		3		4	
ग	म	ग	म	ध	–	मध	नीसं	नी	सं	सं	सं
स	ज	के	ऽ	सो	ऽ	लेऽ	ऽऽ	सिं	गा	ऽ	र
सं	–	सं	सं	सं	सं	ध	सं	नी	ध	–	ध
दे	ऽ	ख	त	म	ग	बा	ऽ	र	बा	ऽ	र
नी	सं	सं	–	–	सं	ध	सं	नी	–	ध	ध
अ	ज	हूँ	ऽ	ऽ	न	आ	ऽ	ये	ऽ	स	खि
म	–	–	ध	–	ध	मध	नीध	मग	रेग	मग	रेस
बाँ	ऽ	ऽ	के	ऽ	बि	हाऽ	ऽऽ	ऽऽ	रीऽ	ऽऽ	ऽऽ

मनमोहन

राग हंसकिंकिणी — ताल झपताल

सौजन्य : पं. एन. आर. जोशी (इलाहाबाद)

सखी मनमोहन श्याम बँसिया बजाई।
सुन्दर मधुर तान, हरत हृदय प्रान।
सूझत कछु नाहिं सुध बुध हराई॥

स्थाई

X		2			0		3		
ग	ग	स	गम	प	ग	म	ग॒	रे	स
स	खी	म	नऽ	मो	ह	न	श्या	ऽ	म
ध़	ऩी॒	स	ग	गम	रेग	प	म	ग	स
बँ	सि	या	ऽ	बऽ	जाऽ	ऽ	ई	ऽ	ऽ

अन्तरा

X		2			0		3		
म	प	नी॒	प	नी	सं	नी	सं	–	सं
सु	ऽ	न्द	र	म	धु	र	ता	ऽ	न
प	नी	सं	–	रें	नी	सं	नी॒	ध	प
ह	र	त	ऽ	हृ	द	य	प्रा	ऽ	न
नी॒	ध	प	म	ग	रेग	प	म	ग	स
सू	ऽ	झ	त	क	छुऽ	ऽ	ना	ऽ	हिं
ध़	ऩी	स	ग	गम	रेग	प	म	ग	स
सु	ध	बु	ध	हऽ	राऽ	ऽ	ई	ऽ	ऽ

नन्द-नन्दन

राग खमाज - ताल त्रिताल

सौजन्य : पं. शिव प्रसाद वाजपेयी (ग्वालियर)

नन्द-नन्दन चरावें गैया।
मुख से बजावत वैनु धनि है ब्रज वासिन को ॥
मदन मोहन को ध्यान धरे जो।
अति सुख पावे चैन, भटकत यह मन अवधपुरी में,
जहाँ तहाँ लेन देन धनि है ब्रज वासिन को ॥

स्थाई

X				2				0				3			
प	–	–	ध	ग	प	म	ग	रे	गम	पध	म	ग	रेग	स	रे
न	ऽ	ऽ	न्द	न	ऽ	न्द	न	च	राऽ	ऽऽ	वें	गै	ऽऽ	या	ऽ
स	म	ग	म	पध	नीसं	नी	सं	नी	सें रें	संनी	सं	ध	नी	ध	प
मु	ख	से	ब	जाऽ	ऽऽ	व	त	वै	ऽऽ	नुऽ	ऽ	ध	नि	है	ऽ
प	ध	पध	नीसं	नी	ध	पध	गम	गम	पध	नीसं	रेंसं	नीध	पम	गरे	सरे
ब्र	ज	वाऽ	ऽऽ	सि	न	कोऽ	ऽऽ	ऽऽ	ऽऽ	ऽऽ	ऽऽ	ऽऽ	ऽऽ	ऽऽ	ऽऽ

अन्तरा

X				2				0				3			
प	–	–	ध	ग	प,	ग	म	ध	नी	सं	नी	सं	–	नी	–
न	ऽ	ऽ	न्द	नं	ऽ,	म	द	न	मो	ह	न	को	ऽ	ध्या	ऽ
नी	सं	संनी	सं	नी	ध	म	प	नी	धप	म	–	ग	–	म	नी
न	ध	रेऽ	ऽ	ऽजो	ऽ	अ	ति	सु	खऽ	पा	ऽ	वे	ऽ	चै	ऽ
ध	नी	सं	रें	नी	सं	रें	गं	नी	सं	ध	नी	धप	ध	रें	–
ऽ	न	भ	ट	क	त	य	ह	म	न	अ	व	धऽ	पु	री	ऽ
गंरें	गं	नी	सं	नी	सं	ध	नी	प	ध	रें	रें	प	ध	पध	नीसं
मेंऽ	ऽ	ज	हाँ	त	हाँ	ले	ऽ	न	दे	ऽ	न	ध	नि	हैऽ	ऽऽ
प	ध	पध	नीसं	नी	ध	पध	गम	गम	पध	नीसं	रेंसं	नीध	पम	गरे	सरे
ब्र	ज	वाऽ	ऽऽ	सि	न	कोऽ	ऽऽ	ऽऽ	ऽऽ	ऽऽ	ऽऽ	ऽऽ	ऽऽ	ऽऽ	ऽऽ

नटनागर

राग खमाज-ताल त्रिताल

सौजन्य : मास्टर मनहर बरवे (बम्बई)

जय जय देव हरे, जय रस के रत्नाकर हे।
प्रभु नटनागर हे, श्रीमुख-चन्द्रचकोर ॥
दिनभणिमण्डल, मण्डन हे, सुरजनवन्दन हे, मुनिजनमानसहंस ॥
त्रिभुवन-संकट-टालक हे, जन-प्रतिपालक हे, प्रणवूँ पूरनकाम ॥

स्थाई

0				3				X				2			
सं	नी	ध	प	मग	रे	ग	प	म	–	–	–	गम	पम	गरे	स–
ज	य	ज	य	देऽ	ऽ	व	ह	रे	ऽ	ऽ	ऽ	ऽऽ	ऽऽ	ऽऽ	ऽऽ
स	स	ग	म	प	–	म	ग	प	नी	ध	नी	पध	पध	पध	नीसं
ज	य	र	स	के	ऽ	र	त	ना	ऽ	क	र	हेऽ	ऽऽ	ऽऽ	ऽऽ
सं	नी	ध	प	मग	रे	ग	प	म	–	–	–	गम	पम	गरे	स–
प्र	भु	न	ट	नाऽ	ऽ	ग	र	हे	ऽ	ऽ	ऽ	ऽऽ	ऽऽ	ऽऽ	ऽऽ
स	–	ग	म	ग	म	प	ध	पध	संरें	गं–	रेंसं	धसं	नीध	पम	गम
श्री	ऽ	मु	ख	च	ऽ	न्द्र	च	कोऽ	ऽऽ	ऽऽ	ऽऽ	रऽ	ऽऽ	ऽऽ	ऽऽ

अन्तरा -1

0				3				X				2			
नी	नी	नी	,नी	सं	–	सं	सं	नी	–	सं	सं	नी	सं	नी	ध
दि	न	म	णि	म	ऽ	ण्ड	ल	म	ऽ	ण्ड	न	हे	ऽ	ऽ	ऽ
ध	नी	ध	नी	प	ध	सं	रें	संरें	गं	रें	सं	धसं	नीध	प	–
सु	र	ज	न	व	ऽ	न्द	न	हेऽ	ऽ	ऽ	ऽ	ऽऽ	ऽऽ	ऽ	ऽ
प	ध	सं	रें	सरें	गं	रें	सं	धसं	नीध	पम	गम	गम	पध	नीसं	रेंगं
मु	नि	ज	न	माऽ	ऽ	न	स	हंऽ	ऽऽ	ऽऽ	ऽऽ	सऽ	ऽऽ	ऽऽ	ऽऽ

अन्तरा-2

0				3				X				2			
गं	रें	सं	नी	ध	प	म	ग	ग	रे	स	स	स	रे	ग	–
त्रि	भु	व	न	सं	ऽ	क	ट	टा	ऽ	ल	क	हे	ऽ	ऽ	ऽ
प	ध	सं	रें	सरें	गं	रें	सं	धसं	नीध	पम	ग-	म	–	–	–
ज	न	प्र	ति	पाऽ	ऽ	ल	क	हेऽ	ऽऽ	ऽऽ	ऽऽ	ऽ	ऽ	ऽ	ऽ
प	ध	सं	रें	सरें	गं	रें	सं	धसं	नीध	पम	गम	गम	पध	नीसं	रेंगं
प्र	ण	वूँ	ऽ	पूऽ	ऽ	र	न	काऽ	ऽऽ	ऽऽ	ऽऽ	मऽ	ऽऽ	ऽऽ	ऽऽ

कान्हा

राग पटद्वीप - ताल झपताल

सौजन्य : उस्ताद मस्सू खाँ (उज्जैन)

हारी - हारी मैं तो हारी
नित कहत जात मतवाले कान्हा।
मानत नहि मोरी
खींचत पथ में चुनरी, रार करे भारी ॥

स्थाई

X		2			0		3		
नी	नी	संनी	ध	प	ग	ग	सरे	ऩी	स
हा	री	हाऽ	ऽ	री	मैं	तो	हाऽ	ऽ	री
ऩी	स	ग	रे	स	धनी	संनी	ध	म	प
निं	त	क	ह	त	जाऽ	ऽऽ	ऽ	ऽ	त
प	नी	सं	मंगं	मंगं	रें	सं	धनी	संनी	धप
म	त	वा	ऽऽ	ऽऽ	ले	ऽ	काऽ	ऽऽ	न्हाऽ

अन्तरा

X		2			0		3		
ग	म	प	नी	नी	सं	सं	गं	रें	सं
मा	ऽ	न	ऽ	त	न	हिं	मो	ऽ	री
प	नी	सं	गं	रें	सं	–	धनी	संनी	धप
खीं	च	त	प	थ	में	ऽ	चुऽ	नऽ	रीऽ
नी	सं	मंगं	मंगं	रें	सं	–	धनी	संनी	धप
रा	ऽ	रऽ	ऽऽ	क	रे	ऽ	भाऽ	ऽऽ	रीऽ

नन्दलाल

राग अडाना - ताल झपताल

सौजन्य : गुरु राम प्रसाद पण्डा (दतिया)

कैसी करूँ आली, माने न नन्दलाल।
पनघट जमुना तट, रोकत लिये ग्वाल॥
ऐसो ढीट लँगर, डगर बीच झगड़त।
ऐसी अनोखी , सीखी है कहाँ चाल॥

स्थाई

X		२			0		3		
नी	–	सं	–	रें	नी	सं	नी	म	प
कै	ऽ	सी	ऽ	क	रूँ	ऽ	आ	ऽ	ली
ग	ग	म	–	प	रे	रे	स	–	स
मा	ने	न	ऽ	न	ऽ	न्द	ला	ऽ	ल
स	स	म	म	म	प	प	प	–	प
प	न	घ	ट	ज	मु	ना	त	ऽ	ट
रें	–	सं	सं	रें	नीं	सं	नी	म	प
रो	ऽ	क	त	लि	ये	ऽ	ग्वा	ऽ	ल

अन्तरा

X		2			0		3		
म	प	ध	–	नी	सं	सं	सं	–	सं
ऐ	सो	ढी	ऽ	ट	लँ	ग	र	ऽ	ड
नी	सं	रें	मं	रें	नी	सं	ध	नी	प
ग	र	बी	ऽ	च	झ	ग	ड़	ऽ	त
रें	–	रें	–	मं	रें	–	सं	–	सं
ऐ	ऽ	सी	ऽ	अ	नो	ऽ	खी	ऽ	सी
प	–	रें	–	सं	नी	सं	नी	म	प
खी	ऽ	है	ऽ	क	हाँ	ऽ	चा	ऽ	ल

मनमोहन

राग दुर्गा - ताल त्रिताल

सौजन्य : पं. कृष्ण शङ्कर शुक्ल (उज्जैन)

मनमोहन मुरली वाला, मुरली वाला सखि है काला।
निशदिन बाको ध्यान धरत है, मुनिजन का दिन नाम रटत है,
जित जैयो उत हमरे कान्हा, शीश मुकुट कामरिया॥

स्थाई

0				3				X				2			
ध	सं	ध	प	म	म	रे	स	रे	–	प	–	–	–,	म	प
मो	ऽ	ह	न	मु	र	ली	ऽ	वा	ऽ	ला	ऽ	ऽ	ऽ,	म	न
ध	सं	ध	प	म	म	रे	स	रे	–	प	–	–	–	म	म
मो	ऽ	ह	न	मु	र	ली	ऽ	वा	ऽ	ला	ऽ	ऽ	ऽ	मु	र
प	ध	सं	–	सं	–	ध	सं	रें	सं	ध	प	म	–,	म	प
ली	ऽ	वा	ऽ	ला	ऽ	स	खि	है	ऽ	का	ऽ	ला	ऽ,	म	न

अन्तरा

0				३				X				2			
ध	ध	म	म	प	–	ध	–	सं	–	सं	सं	रें	ध	सं	–
नि	श	दि	न	बा	ऽ	को	ऽ	ध्या	ऽ	न	ध	र	त	है	ऽ
ध	ध	ध	ध	सं	–	सं	सं	ध	सं	रें	सं	ध	प	म	–
मु	नि	ज	न	का	ऽ	दि	न	ना	ऽ	म	र	ट	त	है	ऽ
प	प	प	–	ध	म	प	ध	प	ध	म	–	रे	–	स	–
जि	त	जै	ऽ	यो	ऽ	उ	त	ह	म	रे	ऽ	का	ऽ	न्हा	ऽ
सं	–	सं	सं	रें	रें	सं	–	ध	प	म	–	प	–,	म	प
शी	ऽ	श	मु	कु	ट	का	ऽ	म	रि	या	ऽ	ऽ	ऽ,	म	न

मुरली

राग काफी-ताल त्रिताल

सौजन्य : श्री नारायण राव मोघे (ग्वालियर)

सुनले बिहारि आज मोरी विनती।
सुनादे मधुर मुरली तोरी प्यारि-प्यारि,
कल परत नाहीं॥
मधुर मुरलि के अलाप सुनके
हरत ही सब दुख मोरे मन के।
जरा सुनादे सुर मुरली के
अब न सतावो प्यारे॥

स्थाई

3				X				2				0			
प	रेग	सरे	म	प	–	प	म	ग	म	नी	प	रेग	सरे	म,	नी
न	लेऽ	ऽऽ	बि	हा	ऽ	रि	आ	ऽ	ज	मो	री	विऽ	नऽ	ती,	सु
प	रेग	सरे	म	प	–	प	म	ग	म	नी	प	म	प	ग	रे
न	लेऽ	ऽऽ	बि	हा	ऽ	रि	आ	ऽ	ज	मो	री	बि	न	ती	ऽ
रे	गरे	सऩी	स	रे	म	प	ध	पम	प–	ग	रे	ग	–	स	रे
ऽ	सुऽ	नाऽ	दे	म	धु	र	मु	रऽ	लीऽ	तो	री	प्या	ऽ	रि	प्या
ऩी	स	–	स	सरे	म	रे	रेम	म	म	पध	मप	रेग	सरे	म,	नी
ऽ	रि	ऽ	क	लऽ	ऽ	प	रऽ	ऽ	त	नाऽ	ऽऽ	हींऽ	ऽऽ	ऽ,	सु

अन्तरा

3				X				2				0			
ध	म	प	ध	सं	सं	सं	–	सं	संरें	ग	रें	नी	पध	सं	–
म	धु	र	मु	र	लि	के	ऽ	अ	लाऽ	ऽ	प	सु	नऽ	के	ऽ
ध	ध	ध	ध	ध	नी	प	ध	पध	नीसं	नी	ध	म	प	ग	रे
ह	र	त	ही	स	ब	दु	ख	मोऽ	ऽऽ	रे	ऽ	म	न	के	ऽ
–	गरे	सऩी	स	सं	–	सं	–	सं	रें	नी	नी	धनी	पध	सं	–
ऽ	जऽ	राऽ	सु	ना	ऽ	दे	ऽ	सु	र	मु	र	लीऽ	ऽऽ	के	ऽ
नी	नी	नी	ध	प	ध	म	मप	ध	प	पध	नीसं	नीध	पम	गरे,	नी
अ	ब	न	स	ता	ऽ	ऽ	वोऽ	ऽ	ऽ	प्याऽ	ऽऽ	रेऽ	ऽऽ	ऽऽ,	सु

श्यामम-छवि

राग काफी - ताल एकताल

सौजन्य : श्री जी.एन. नाटू (गाज़ियाबाद)

नीर भरन जमुना गई आज सखी री मिलके।
देखी छवि श्याम की है सुध बुध गई सारी ॥
बरजोरी कीनी मोसें गगरी मोरी फोर दीनी।
अब तो कन्हैया जावो सास सुनेगी देगी गारी ॥

स्थाई

X		0		2		0		3		4	
सं	–	सं	रें	नी	नी	ध	म	प	नी	ध	प
नी	ऽ	र	भ	र	न	ज	मु	ना	ग	ई	ऽ
ग	–	रेस	रे	ऩी	स	रे	म	ध	प	ग	रे
आ	ऽ	जऽ	स	खी	ऽ	री	ऽ	मि	ल	के	ऽ
ध	–	ध	नी	ध	ध	धनी	सं	नी	ध	प	–
दे	ऽ	खी	ऽ	छ	वि	श्याऽ	ऽ	म	की	है	ऽ
स	रे	म	प	ध	धनी	सं	–	सरें	संनी	धप	मप
सु	ध	बु	ध	ग	ईऽ	सा	ऽ	ऽऽ	ऽऽ	रीऽ	ऽऽ

अन्तरा

X		0		2		0		3		4	
म	म	प	–	ध	पध	सं	–	ध	सं	–	सं
ब	र	जो	ऽ	री	ऽऽ	की	ऽ	नी	मो	ऽ	सें
ध	ध	सं	रें	–	रें	संरें	गं	रेंसं	रें	सं	–
ग	ग	री	मो	ऽ	री	फोऽ	ऽ	रऽ	दी	नी	ऽ
सं	सं	सं	रें	नी	–	ध	म	प	नी	ध	प
अ	ब	तो	क	न्है	ऽ	या	ऽ	जा	ऽ	वो	ऽ
स	रे	म	प	ध	पध	सं	सं	संरें	संनी	धप	पम
सा	ऽ	स	सु	ने	गीऽ	दे	गी	गाऽ	ऽऽ	रीऽ	ऽऽ

बनवारी

राग यमन - ताल एकताल

सौजन्य : प्रो. एम. वी. गुणे (ग्वालियर)

जाने दो हो बनवारी, अब न छेरो मोहे निपट निडर,
डरत न काहू से तुम, झूठी बतियाँ सारी।
कह गये थे पिया आवन दरसन को मो सन,
दरश बिना मैं तड़पत बीती जात रैन सारी ॥

स्थाई

X		0		2		0		3		4	
नी	ध	प	–	ग	म॑	ध	प	रे	–	स	–
जा	ने	दो	ऽ	हो	ऽ	ब	न	वा	ऽ	री	ऽ
स	रे	ग	प	–	प	प	प	नी	ध	प	प
अ	ब	न	छे	ऽ	रो	मो	हे	नि	प	ट	नि
प	प	ग	म॑	प	प	ग	म॑	प	–	रे	–
ड	र	ड	र	त	न	का	ऽ	हू	ऽ	से	ऽ
स	स	नी	ध	प	ग	म॑	प	रे	–	स	–
तु	म	झू	ऽ	ठी	ब	ति	याँ	सा	ऽ	री	ऽ

अन्तरा

X		0		2		0		3		4	
प	प	प	प	सं	–	सं	सं	सं	रें	गं	रें
क	ह	ग	ये	थे	ऽ	पि	या	आ	ऽ	व	न
सं	सं	सं	सं	नी	सं	नी	–	प	प	सं	रें
द	र	स	न	को	ऽ	मो	ऽ	स	न	द	र
गं	रें	सं	–	सं	–	नी	ध	प	प	नी	ध
श	बि	ना	ऽ	मैं	ऽ	त	ड़	प	त	बी	ऽ
प	–	गमं	प	प	ग	–	प	रे	–	स	ऽ
ती	ऽ	जाऽ	ऽ	त	है	ऽ	न	सा	ऽ	री	ऽ

श्याम–मुरली

राग अडाना - ताल एकताल

सौजन्य : प्रो. एन. आर. जोशी (इलाहाबाद)

बाँसुरी बजाई श्याम बिसर गये नर नारी।
काम धाम या विराम मुदित धरा सारी॥
पी-पी स्वर सुधा मधुर जन मानस सुमन रुचिर।
विकसित हो उठे सकल जादू सुख कारी॥

स्थाई

X		0		2		0		3		4	
सं	–	रें	सं	–	सं	प	नी	प	ग	म	प
बाँ	ऽ	सु	री	ऽ	ब	जा	ऽ	ई	श्या	ऽ	म
नी	नी	प	प	मप	नीप	ग	म	रे	–	स	–
बि	स	र	ग	येऽ	ऽऽ	न	र	ना	ऽ	री	ऽ
रे	म	म	प	ध	ध	नी	सं	नी	सं	–	सं
का	ऽ	म	धा	ऽ	म	या	ऽ	वि	रा	ऽ	म
नी	सं	रें	मं	रें	सं	पनी	संरें	संरें	संनी	पम	प
मु	दि	त	ध	रा	ऽ	साऽ	ऽऽ	ऽऽ	ऽऽ	रीऽ	ऽ

अन्तरा

X		0		2		0		3		4	
म	–	प	प	ध	ध	नी	सं	–	सं	सं	सं
पी	ऽ	पी	ऽ	स्व	र	सु	धा	ऽ	म	धु	र
सं	रें	रें	रें	रें	सं	रें	सं	ध	नी	प	प
ज	न	मा	ऽ	न	स	सु	म	न	रु	चि	र
नीसं	रें	रें	रें	सं	रें	गं	गं	मं	रें	सं	सं
विऽ	क	सि	त	हो	ऽ	उ	ठे	ऽ	स	क	ल
सं	–	रें	सं	नी	प	पनी	संरें	संरें	संनी	पम	प
जा	ऽ	दू	ऽ	सु	ख	काऽ	ऽऽ	ऽऽ	ऽऽ	रीऽ	ऽ

श्याम –केलि

राग मालकोश - ताल झपताल

सौजन्य : श्री माधो सिंह (ग्वालियर)

देखो री सखी श्याम, करत लड़ाई।
बीच डगर मोरी, गगरी गिराई॥
विनती करत हारी, माने नाहीं बनवारी।
लपक झपक कान्ह, बैंया मुरकाई॥

स्थाई

X		2			0		3		
ग	म	गम	धनी	ध	म	ग	स	–	स
दे	खो	रीऽ	ऽऽ	स	खी	ऽ	श्या	ऽ	म
ऩी	स	ऩी	ध़	ऩी	स	म	म	–	–
कं	र	त	ऽ	ल	ड़ा	ऽ	ई	ऽ	ऽ
ग	म	ध	नी	ध	नीसं	नी	सं	–	सं
बी	ऽ	च	ऽ	ड	गऽ	र	मो	ऽ	री
ध	नी	सं	गं	सं	नी	ध	म	–	–
ग	ग	री	ऽ	गि	रा	ऽ	ई	ऽ	ऽ

अन्तरा

X		2			0		3		
ग	म	ध	नी	सं	धनी	संगं	संनी	धनी	सं
वि	न	ती	ऽ	क	रऽ	तऽ	हाऽ	ऽऽ	री
सं	संनी	धनी	सं	सं	गंसं	नीध	संनी	धम	गम
मा	नेऽ	नाऽ	ऽ	हीं	बऽ	नऽ	वाऽ	ऽऽ	री
सं	मं	गं	सं	संनी	धम	गम	धनी	सं	सं
ल	प	क	ऽ	झाऽ	पऽ	कऽ	काऽ	ऽ	न्ह
नी	ध	म	ग	स	ग	म	म	–	–
बैं	याँ	मु	ऽ	र	का	ऽ	ई	ऽ	ऽ

SECTION II

स्तोत्र-सङ्गीत-मञ्जरी

Stotra-Saṅgīta-Mañjarī

गणेशस्तुति

राग गुणक्री - ताल त्रिताल

काव्यनिर्मिति एव सङ्गीतनिर्मिति : उस्ताद अमान अली खाँ (बम्बई)

सौजन्य : सुहासिनी कोरटकर (दिल्ली)

जय श्रीशङ्करसुत गणेश
नायक दायक जय जय सिद्धपति ।
मोदकग्रासन मूशकवाहन
पालक दासन सुत - गिरिजा
जय चन्द्रभाल भुजबल विशाल
गले 'अमर' माल छबि जाल भरी ॥

स्थाई

0				3				X				2		स	म
														ज	य
पध	पध	म	रे	रे	स	स	ध	स	—	—	स	म	—	रे	स
श्रीऽ	ऽऽ	श	ङ्क	र	सु	त	ग	णे	ऽ	ऽ	श	ना	ऽ	य	क
म	—	रे	स	प	प	प	ध	म	—	स	रे	म	—,	स	म
दा	ऽ	य	क	ज	य	ज	य	सि	ऽ	द्ध	प	ति	ऽ,	ज	य

अन्तरा

0				3				X				2			
म	–	प	ध	सं	–	सं	सं	ध	—	सं	सं	रें	—	सं	सं
मो	ऽ	द	क	ग्रा	ऽ	स	न	मू	ऽ	ष	क	वा	ऽ	ह	न
ध	—	सं	सं	रें	—	सं	सं	ध	ध	म	म	प	—	रे	रे
पा	ऽ	ल	क	दा	ऽ	स	न	सु	त	गि	रि	जा	ऽ	ज	य
स	—	स	ध	—	ध	प	प	म	म	पम	रे	—	रे	स	स
च	ऽ	न्द्र	भा	ऽ	ल	भु	ज	ब	ल	विऽ	शा	ऽ	ल	ग	ले
रे	रे	रे	स	—	स	ध	धप	म	—	—	स	रे	म,	स	म
अ	म	र	मा	ऽ	ल	छ	विऽ	जा	ऽ	ऽ	ल	भ	री,	ज	य

वीणावादिनी शारदा

राग काफी - त्रिताल

सौजन्य : मास्टर मनहर बरवे (बम्बई)

वन्दन हे शारदा, नमन करूँ।
विधि सहित अर्पि अचल, विमल सुमति को हृदय मल
सदा हरण कर ।।
वसन सितोत्तम सुधवलकमले, तू शोभती जग माता।
रसिक मधुर जन हृदय वीणा सुवादन करत ।।

स्थाई

0				3				X				2			
स	रेग	रे	रे	ग	रेग	मप	म	प	–	–	नी	धप	ध	म	प
व	न्दऽ	न	हे	ऽ	शाऽ	ऽऽ	र	दा	ऽ	ऽ	न	मऽ	न	क	रूँ
प	सं	सं	नी	ध	प	पध	म	म	प	प	सं	नी	सं	प	म
वि	धि	स	हि	त	अ	ऽऽ	र्पि	अ	चं	ल	वि	म	ल	सु	म
प	ग	रे	म	ग	रे	स	स	नी	धनी	धनी	पध	मप	गम	गरे	सऩी
ति	को	ऽ	हृ	द	य	म	ल	स	दाऽ	ऽऽ	हऽ	रऽ	णऽ	कऽ	रऽ

अन्तरा

X				2				0				3			
म	प	नी	नी	सं	–	सं	नी	सं	रें	सं	नी	ध	प	म	–
व	स	न	सि	तो	ऽ	त्त	म	सु	ध	व	ल	क	म	ले	ऽ
रे	म	रे	म	–	प	सं	–	नी	ध	प	म	मप	धनी	–	–
तू	ऽ	ऽ	शो	ऽ	भ	ती	ऽ	ज	ग	मा	ऽ	ताऽ	ऽऽ	ऽ	ऽ
स	रे	म	प	ध	सं	नी	ध	प	म	रे	म	प	प	–	–
र	सि	क	म	धु	र	ज	न	हृ	द	य	वी	ऽ	णा	ऽ	ऽ
नी	धनी	धनी	पध	मप	गम	गरे	सऩी	स	रेग	रे	रे	ग	रेग	मप	म
सु	वाऽ	ऽऽ	दऽ	नऽ	कऽ	रऽ	तऽ	व	न्दऽ	न	हे	ऽ	शाऽ	ऽऽ	र

देवी

राग देशकार- ताल झपताल

सौजन्य : प्रो. बेनी प्रसाद 'भाई' (इलाहाबाद)

देवी तू परशाद दीजै अपने ही जिन के
ताना रंग भुज ज्योत सुर सुमन ही।
ज्योत सवाही आरोही अवरोही
सप्त सुर तीन ग्राम पाऊँ प्रगट॥

स्थाई

X		2			0		3		
प	प	प	ध	ग	प	–	ध	–	–
प	र	शा	ऽ	द	दी	ऽ	जै	ऽ	ऽ
प	प	ध	–	रें	रें	सं	ध	–	–
अ	प	ने	ऽ	ही	जि	न	के	ऽ	ऽ
प	प	ग	–	प	ग	ग	स	–	स
ता	ना	रं	ऽ	ग	भु	ज	ज्यो	ऽ	त
प	प	ग	ग	ग	स	–,	प	प	प
सु	र	सु	म	न	ही	ऽ,	दे	वी	तू

अन्तरा

X		2			0		३		
प	–	सं	–	सं	सं	–	सं	–	–
ज्यो	ऽ	त	ऽ	स	वा	ऽ	ही	ऽ	ऽ
सं	–	रें	गं	रें	सं	सं	ध	–	प
आ	ऽ	रो	ऽ	ही	अ	व	रो	ऽ	ही
प	प	प	ध	ग	प	ध	सं	ऽ	सं
स	प्त	सु	ऽ	र	ती	न	ग्रा	ऽ	म
सं	–	ध	–	सं	ध	प,	प	प	प
पा	ऽ	ऊँ	ऽ	प्र	ग	ट,	दे	वी	तू

राधा

राग मालगुञ्जी-ताल एकताल

सौजन्य : श्री जी.एम. मोरघोड़े (ग्वालियर)

बाजे छुम छनन-छनन
नाच्र रही राधा, बाँधे घुँघरवा।
निशदिन धुन हरि की लागी, गावत ध्यावत
भूल गई तन की सुध, भव माया॥

स्थाई

X		0		2		0		3		4	
ग	–	म	–	ध	प	ग	गं	रे	सरे	ऩी	स
बा	ऽ	जे	ऽ	छु	म	छ	न	न	छऽ	न	न
म	नी	ध	नी	सं	–	सं	रेंसं	नी	संनी	ध	–
ना	ऽ	च	र	ही	ऽ	रा	ऽऽ	ऽ	ऽऽ	धा	ऽ
म	नी	ध	नी	सं	सं	धनी	संनी	धप	मग	मग	रेस
बाँ	ऽ	धे	घुँ	घ	र	वाऽ	ऽऽ	ऽऽ	ऽऽ	ऽऽ	ऽऽ

अन्तरा

X		0		2		0		3		4	
म	ग	म	म	नी	ध	नी	सं	नी	सं	–	सं
नि	श	दि	न	धु	न	ह	रि	की	ला	ऽ	गी
नी	सं	नी	सं	रें	रें	नी	सं	रें	नी	ध	ध
गा	ऽ	ऽ	व	ऽ	त	ध्या	ऽ	ऽ	व	ऽ	त
नी	–	सं	गं	–	[illegible]	गं	रें	सं	नी	सं	सं
भू	ऽ	ल	ग	ऽ	ई	त	न	की	ऽ	सु	ध
नी	सं	नी	ध	संरें	गंरें	संनी	धप	मग	मग	रेस	ऩीस
भ	व	मा	ऽ	याऽ	ऽऽ	ऽऽ	ऽऽ	ऽऽ	ऽऽ	ऽऽ	ऽऽ

महेश्वर

राग गुणकली - ताल रूपक

सौजन्य : उस्ताद आदिल खाँ (झाँसी)

आज आये प्रथम घर मोरे, आज आये शिव शंकर घर।
भस्म भूषण ज्ञान मान, सकल भान प्रथम घर मोरे॥
देखत सकल विहार निशदिन, नैनन रूप सुजान बन-बन।
कुंज कुंजन फिरत निशदिन, तोरे मध्य विहार नरहरि॥

स्थाई

X			2		३		X			2		3	
प	–	प	प	म	ध	ध	प	म	म	रे	रे	स	स
आ	ऽ	ज	आ	ऽ	ऽ	ये	प्र	थ	म	घ	र	मो	रे
प	–	प	प	म	ध	ध	प	म	म	रे	रे	स	स
आ	ऽ	ज	आ	ऽ	ऽ	ये	शि	व	शं	क	र	घ	र
ध	–	ध	सं	–	सं	सं	प	–	प	प	म	ध	ध
भ	ऽ	स्म	भू	ऽ	ष	ण	ज्ञा	ऽ	न	मा	ऽ	ऽ	न
प	प	प	प	म	ध	ध	प	म	म	रे	रे	स	स
स	क	ल	भा	ऽ	ऽ	न	प्र	थ	म	घ	र	मो	रे

अन्तरा

X			2		३		X			2		3	
म	म	म	प	प	ध	प	सं	–	सं	सं	सं	सं	सं
दे	ख	त	स	क	ल	वि	हा	ऽ	र	नि	श	दि	न
रें	रें	रें	सं	–	नी	सं	ध	–	ध	प	प	प	प
नै	न	न	रू	ऽ	प	सु	जा	ऽ	न	ब	न	ब	न
म	–	म	म	–	म	म	प	प	प	ध	ध	प	ध
कुं	ऽ	ज	कुं	ऽ	ज	न	फि	र	त	नि	श	दि	न
सं	–	सं	ध	–	प	ध	प	म	म	रे	रे	स	स
तो	ऽ	रे	म	ऽ	ध्य	वि	हा	ऽ	र	न	र	ह	रि

दाता

राग बागेश्री - ताल त्रिताल

सौजन्य : उस्ताद ज़मीरुद्दीन खाँ (कलकत्ता)

कौन बनाये बिगड़ी बात मोरी
तुम हो रहीम साँईं ।
दाता विधाता जग के, लाज रखो मेरी
कासे कहूँ मन की बात मोरी ॥
तुम हो रहीम साँईं, तुम हो रहीम साँईं ॥

स्थाई

3				X				2				0			
संनी	ध	प	ध	नी	–	–	–	ध	म	प	ध	ग	–	रे	रेग
कौऽ	न	ऽ	ब	ना	ऽ	ऽ	ऽ	ये	ऽ	बि	ग	ड़ी	ऽ	ऽ	बाऽ
मग	रे	–	स	रे	–	–	–	–	–	रेग	मग	रे	–	स	स
ऽऽ	त	ऽ	मो	री	ऽ	ऽ	ऽ	ऽ	ऽ	ऽऽ	ऽऽ	ऽ	ऽ	ऽ	तु
रे	नी	–	स	म	–	म	–	म	–	प	ध	ग	–	रे	स
म	हो	ऽ	र	ही	ऽ	म	ऽ	ऽ	ऽ	साँ	ऽ	ईं	ऽ	ऽ	तु
रे	नी	–	स	म	–	म	–	ग	म	ध	नी	सं	–	–,	सं
म	हो	ऽ	र	ही	ऽ	म	ऽ	ऽ	ऽ	साँ	ऽ	ईं	ऽ	ऽ,	कौ

अन्तरा

3				X				2				0			
गम	ध	–	नी	सं	–	सं	–	सं	–	नी	ध	सं	–	–	नी
दाऽ	ता	ऽ	वि	धा	ऽ	ता	ऽ	ऽ	ऽ	ज	ग	के	ऽ	ऽ	ला
सं	रें	–	सं	नी	सं	–	–	–	–	नी	–	ध	–	–	सं
ऽ	ज	ऽ	र	खो	ऽ	ऽ	ऽ	ऽ	ऽ	मे	ऽ	री	ऽ	ऽ	का
नी	ध	प	ध	नी	–	–	–	ध	म	प	ध	ग	–	रे	रेग
ऽ	से	ऽ	क	हूँ	ऽ	ऽ	ऽ	ऽ	ऽ	म	न	की	ऽ	ऽ	बाऽ
मग	रे	–	स	रे	–	–	–	–	–	रेग	मग	रे	–	स	स
ऽऽ	त	ऽ	मो	री	ऽ	ऽ	ऽ	ऽ	ऽ	ऽऽ	ऽऽ	ऽ	ऽ	ऽ	तु
रे	ऩी	–	स	म	–	म	–	–	–	प	–	ग	–	–	रे
म	हो	ऽ	र	ही	ऽ	म	ऽ	ऽ	ऽ	साँ	ऽ	ई	ऽ	ऽ	तु
स	रे	ऩी	स	म	–	म	–	ग	म	ध	नी	सं	–	–,	सं
म	हो	ऽ	र	ही	ऽ	म	ऽ	ऽ	ऽ	साँ	ऽ	ई	ऽ	ऽ,	कौ

दीनदयालु

राग अडाना—ताल झपताल

सौजन्य : उस्ताद रज्जब अली खाँ (देवास)

दयालु तुम दाता हो, तुम दीन दुनी में रौशन।
दुश हे दुख हरन, महबूब सुहानी जो॥
हरिये विपत मोरी, ऐसा पिरन पीर।
सीना सिपर करूँ, जग के वाली जो॥

स्थाई

X		2			0		3		
सं	–	रें	नी	सं	नी	प	नी	म	प
हो	ऽ	द	या	लु	तु	म	दा	ऽ	ता
सं	–	रें	नीं	सं	नी	प	ग	–	ग
हो	ऽ	द	या	लु	तु	म	दी	ऽ	न
ग	ग	–	म	–	रे	–	स	–	–
दु	नी	ऽ	में	ऽ	रौ	ऽ	शन	ऽ	ऽ
रे	ऩी	स	–	म	प	नी	म	प	प
दु	श	हे	ऽ	दु	ख	ह	र	न	मह
रें	सं	रें	नी	सं	नी	प	नी	म	प
बू	ब	सु	हा	नी	जो	ऽ	दा	ऽ	ता

अन्तरा

X		2			0		3		
म़	प	ध	–	नी	सं	नी	सं	–	सं
ह	रि	ये	ऽ	वि	प	त	मो	ऽ	री
सं	–	नीसं	रें	सं	नी	सं	नी	प	प
ऐ	ऽ	शाऽ	ऽ	पि	र	न	पी	ऽ	र
मं	–	रें	–	सं	नी	सं	नी	–	प
सी	ऽ	ना	ऽ	सि	प	र	क	ऽ	रूँ
रें	सं	रें	नी	सं	नी	प	नी	म	प
ज	ग	के	वा	ली	जो	ऽ	दा	ऽ	ता

मातृवन्दना

राग मारवा - ताल त्रिताल

सङ्गीतनिर्मिति : डॉ॰ शन्नो खुराना (दिल्ली)

जय जय जननी महादेवी
गुणवन्ती अतिलुभावनी ।
मनोहरी सत्यवती सिन्दूरधारिणी
निर्मला कुशला ॥

स्थाई

0				3				X				2			
म॑	ध	म॑	ध	म॑	ग	रे॒	स	स	–	–	–	ध़स	ऩीरे॒	रे॒	–
ज	य	ज	य	ज	न	नी	म	हा	ऽ	ऽ	ऽ	दे	ऽऽ	वी	ऽ
म॑	म॑	ग	–	म॑ध	सं	सं	सं	संनी	रें॒	–	रें॒रें॒	रें॒रें॒	नीध	म॑ग	रे॒स
गु	ण	व	ऽ	न्तीऽ	अ	ति	लु	भाऽ	ऽ	ऽ	वऽ	ऽऽ	ऽऽ	ऽऽ	नीऽ

अन्तरा

0				3				X				2			
म॑	म॑	ग	ग	म॑	म॑	ध	ध	सं	सं	सं	संनी	संनी	रें॒	सं	–
म	नो	ह	री	स	त्य	व	ती	सि	न्दू	ऽ	रऽ	धाऽ	रि	णी	ऽ
नी	ध	नी	–	ध	म॑	ध	–	नीनी	धम॑	धनी	संनी	धम॑	गरे॒	सस	सस
नि	र्म	ला	ऽ	कु	श	ला	ऽ	ऽऽ	ऽऽ	ऽऽ	ऽऽ	ऽऽ	ऽऽ	ऽऽ	ऽऽ

सङ्गीत-स्तुति

राग हमीर–ताल त्रिताल

सङ्गीतनिर्मिति : डॉ॰ शन्नो खुराना (दिल्ली)

उठो उठो तुम रक्षक सारे
भीर परी है आओ।
सब मिल आओ एक सुर गावो
नाद भेद पहचानो ॥

स्थाई

0				3				X				2			
प	मपधनी	सं	ध	प	मप	ग	म	ध	—	नी	सं	ध	—	प	—
उ	ठोऽऽऽ	ऽ	उ	ठो	ऽऽ	तु	म	र	ऽ	क्ष	क	ला	ऽ	रे	ऽ
प	ग	म	रे	स	रे	स	—	गम	धनी	संरें	संनी	धनी	ध	प	—
भी	ऽ	र	प	री	ऽ	है	ऽ	आऽ	ऽऽ	ऽऽ	ऽऽ	ऽऽ	ऽ	वो	ऽ

अन्तरा

0				3				X				2			
प	प	सं	सं	सं	रें	सं	—	ध	नी	सं	रें	(सं)	धनी	—	प
स	ब	मि	ल	आ	ऽ	वो	ऽ	ए	क	सु	र	(गा)	ऽऽ	ऽ	वो
ग	—	—	म	ध	—	प	—	नी	सं	नी	ध	नी	धप	—	—
ना	ऽ	ऽ	द	भे	ऽ	द	ऽ	प	ह	चा	ऽ	नो	ऽऽ	ऽ	ऽ

SECTION III

ऋतु-सङ्गीत-रत्नावली

Ṛtu-Saṅgīta-Ratnāvalī

वसन्तकेलिः*

राग वसन्त - ताल त्रिताल

काव्यनिर्मितिःश्रीजयदेवस्य

सङ्गीतनिर्मितिः—प्रो. जगदीश सहाय कुलश्रेष्ठः (दिल्ली)

ललितलवङ्गलतापरिशीलनकोमलमलयसमीरे
मधुकरनिकरकरम्बितकोकिलकूजितकुञ्जकुटीरे।
विहरति हरिरिह सरसवसन्ते।
नृत्यति युवतिजनेन समं सखि विरहिजनस्य दुरन्ते ॥ 1 ॥

उन्मदमदनमनोरथपथिकवधूजनजनितविलापे।
अलिकुलसङ्कुलकुसुमसमूहनिराकुलबकुलकलापे ॥ 2 ॥ विहरति हरिरिह..

मृगमदसौरभरभसवशंवदनवदलमालतमाले।
युवजनहृदयविदारणमनसिजनखरुचिकिंशुकजाले ॥ 3 ॥ विहरति हरिरिह..

मदनमहीपतिकनकदण्डरुचिकेसरकुसुमविकाशे।
मिलितशिलीमुखपाटलपटलकृतस्मरतूणविलासे ॥ 4 ॥ विहरति हरिरिह

* गीतगोविन्दम्–1.2.2-5

वसन्तकेलिः

राग वसन्त - ताल त्रिताल

काव्यनिर्मितिः श्रीजयदेवस्य

सङ्गीतनिर्मितिः—प्रो. जगदीश सहाय कुलश्रेष्ठः (दिल्ली)

0				3				X				2			
मध	सं	नी	ध	प	—	म	ग	म	ग	म	ध	सं	नी	रें	सं
लऽ	लि	त	ल	व	ऽ	ङ्ग	ल	ता	ऽ	प	रि	शी	ऽ	ल	न
ध	सं	सं	सं	संनी	सं	नी	ध	सं	नी	ध	नी	ध	—	प	—
को	ऽ	म	ल	मऽ	ल	य	स	मो	ऽ	ऽ	ऽ	रे	ऽ	ऽ	ऽ
म	म	ग	ग	म	म	ध	मध	सं	—	सं	सं	रें	—	सं	सं
म	धु	क	र	नि	क	र	कऽ	र	ऽ	म्बि	त	को	ऽ	कि	ल
नी	—	रें	गंरें	गं	—	गं	गं	मं	गं	रें	सं	नी	रें	सं	—
कू	ऽ	जि	तऽ	कु	ऽ	ञ्ज	कु	टी	ऽ	ऽ	ऽ	रे	ऽ	ऽ	ऽ
मध	सं	नी	ध	प	प	म	ग	म	ध	म	ग	म	ग	रे	स
विऽ	ह	र	ति	ह	रि	रि	ह	स	र	स	व	स	ऽ	न्ते	ऽ
स	—	म	म	म	म	ग	ग	नी	ध	प	प	म	—	ग	ग
नृ	ऽ	त्य	ति	यु	व	ति	ज	ने	ऽ	न	स	मं	ऽ	स	खि
ग	म	ध	म	ध	—	सं	सं	ध	सं	नी	ध	प	—	—	—
वि	र	हि	ज	न	ऽ	स्य	दु	र	ऽ	न्ते	ऽ	ऽ	ऽ	ऽ	ऽ

Direction : Remaining verses will be sung like the first verse of this song.

होली

राग देस - ताल त्रिताल

सङ्गीतनिर्मिति : डॉ. श्रीकृष्ण नारायण रातांजनकर (लक्ष्मणपुर)

होरी खेलन को चले कन्हैया
ग्वाल बाल सब अत हि आनन्द भरे
गावत मधुर सुर बाँसुरी की धुन पर
नाटत नट नागर अत रस सों
ताताथैया ताताथैया ताताथैया। होरी......

रंग अबीर गुलाल लिये भर भर झोरी
तक तक मारत कुमकुमे
निरखि हरखि सुरनर मुनि गन कहे
धन गोकुल बिंदराबन धन जमुनातट
बृजभूमि धन धन मुरली धुन धन न्यारो
रास रचैया रास रचैया रास रचैया ॥ होरी..

होली

राग देस - ताल त्रिताल

सङ्गीतनिर्मिति : डॉ. श्रीकृष्ण नारायण रातांजनकर (लक्ष्मणपुर)

स्थाई

0				3				X				2		ऩी	स
														हो	री
रे	म	ग	म	रे	म	प	ध	नी	—	ध	प	म	ग,	ऩी	स
खे	ल	न	को	ऽ	च	ले	क	न्है	ऽ	या	ऽ	ऽ	ऽ,	हो	री
रे	म	ग	ग	रे	म	प	ध	नी	—	ध	प	नीसं	रें	सं	नी
खे	ल	न	को	ऽ	च	ले	क	न्है	ऽ	या	ऽ	ग्वा	ऽ	ल	बा
ध	प	म	ग	रे	ग	रे	म	गरे	ग	ऩी	स	ऩी	स	रे	मग
ऽ	ल	स	ब	अ	त	हि	आ	नऽ	न्द	भ	रे	गा	व	त	मऽ
रे	म	प	ध	म	प	नी	सं	रें	रेंगं	गंरें	सं	नी	सं	नी	रें
धु	र	सु	र	बाँ	सु	री	की	धु	नऽ	प	र	ना	च	त	न
सं	रें	नी	ध	रे	म	प	नी	सं	नीसं	रें	सं	नी	ध	प	मप
ट	ना	ग	र	अ	त	र	स	सों	ताऽ	ऽ	ता	थै	ऽ	या	ताऽ
ध	प	म	ग	रे	रेम	प	ध	नी	—	ध	प	म	ग,	ऩी	स
ऽ	ता	थै	ऽ	या	ताऽ	ऽ	ता	थै	ऽ	या	ऽ	ऽ	ऽ,	हो	री

अन्तरा

0				3				X				2			
रे	म	प	नी	धप	म	—	प	नी	—	सं	नी	सं	—	—	—
रं	ग	अ	बी	ऽऽ	र	ऽ	गु	ला	ऽ	ल	लि	ये	ऽ	ऽ	ऽ
रे	म	प	नी	धप	म	—	प	नी	—	सं	सं	पनी	संरें	सं	रें
रं	ग	अ	बी	ऽऽ	र	ऽ	गु	ला	ऽ	ल	लि	येऽ	ऽऽ	भ	र
नी	ध	म	प	रे	म	प	ध	म	ग	रे	म	गरे	ग	ऩी	स
भ	र	झो	री	त	क	त	क	मा	र	त	कु	मऽ	कु	मे	ऽ
ऩी	स	रे	म	रे	म	प	ध	म	प	नी	सं	रे	रेंगं	रें	सं
नि	र	खि	ह	र	खि	सु	र	ऩ	र	मु	मि	ग	नऽ	क	हे
रें	गं	संरें	गंमं	गंरें	गं	सं	सं	नी	—	सं	सं	नी	सं	रें	रेंगं
ध	न	गो	ऽऽ	कुऽ	ल	बिं	द	रा	ऽ	ब	न	ध	न	ज	मुऽ
रें	सं	रें	नी	सं	सं	पनी	संरें	सं	नी	ध	प	नी	ध	प	ध
ना	ऽ	त	ट	बृ	ज	भूऽ	ऽऽ	मि	ऽ	ध	न	ध	न	मु	र
म	—	म	रे	रे	म	प	नी	सं	रेंसं	रें	सं	नी	ध	प	मप
ली	ऽ	धु	न	ध	न	न्या	ऽ	रो	राऽ	स	र	चै	ऽ	या	राऽ
ध	प	म	ग	रे	रेम	प	ध	नी	—	ध	प	म	ग,	ऩी	स
स	र	चै	ऽ	या	राऽ	स	र	चै	ऽ	या	ऽ	ऽ	ऽ,	हो	री

वसन्तश्री

राग बहार — ताल त्रिताल

काव्यनिर्मिति : नवाब बहादुर शाह ज़फ़र 'शोखरंग' (दिल्ली)

सौजन्य : पं. नारायण राव मोघे (ग्वालियर)

ऋतु बसन्त में अपनी उमंग सौं।
पी ढूँढन मैं निकसी घर सौं॥
रंग है सबजा नरगिस आँखें।
कहत शोखरंग सरस रंग वाके॥
इन बातन भेद न जाने।
वाकिफ़ हूँ मैं वाके ढंग सौं॥

स्थाई

0				3				X				2			
प	प	प	प	म	प	ग	म	म	नी	ध	नी	सं	नी	सं	—
ऋ	तु	ब	स	ऽ	न्त	में	ऽ	अ	प	नी	उ	मं	ग	सौं	ऽ
नी	—	सं	—	रें	रें	सं	—	नी	सं	नी	प	नी	म	पध	नीसं
पी	ऽ	ढूँ	ऽ	ढ	न	मैं	ऽ	नि	क	सी	ऽ	घ	र	सौंऽ	ऽऽ

अन्तरा

0				3				X				2			
म	म	म	—	म	प	ग	—	ग	ग	ग	म	रे	—	स	—
रं	ग	है	ऽ	स	ब	जा	ऽ	न	र	गि	स	आँ	ऽ	खें	ऽ
म	नी	ध	धनी	सं	नी	सं	सं	नी	नी	नी	सं	—	सं	नीसं	रेसं
क	ह	त	शोऽ	ऽ	ख	रं	ग	स	र	स	रं	ऽ	ग	वाऽ	ऽऽ
नी	ध	ध	नी	सं	रें	सं	सं	नी	—	प	प	मप	धप	ग	—
के	ऽ	इ	न	बा	ऽ	त	न	भे	ऽ	द	न	जाऽ	ऽऽ	ने	ऽ
ग	म	नी	ध	गं	मं	रें	सं	नीसं	रेंसं	नी	प	प	म	पध	नीसं
वा	ऽ	कि	फ़	हूँ	ऽ	मैं	ऽ	वाऽ	ऽऽ	के	ऽ	ढं	ग	सौंऽ	ऽऽ

झूला-गीत

राग मिश्र बिहाग-ताल कहरवा

सौजन्य : श्रीमती सविता देवी (दिल्ली)

झूला धीरे से झुलावो बनवारी
अरे साँवरिया ना ।
चार सखी मिल झूला झुलावें
बिचवा में झूलें राधा प्यारी
अरे साँवरिया ना।
राधा झूलें कृष्ण झुलावें
कृष्ण झूलें राधा झुलावें
लटके कदमवा की डारी
अरे साँवरिया ना।

स्थाई

2				X				2				X			
—	ग	—	ग	—	—	म	—	ध	प	—	म	ग	—	ग	म
ऽ	झू	ऽ	ला	ऽ	ऽ	धी	ऽ	रे	से	ऽ	झु	ला	ऽ	वो	ऽ
रे	—	रे	ग	स	रे	ऩी	—	—	—	ऩी	स	रेग	मप	—	म
ब	ऽ	न	ऽ	वा	ऽ	री	ऽ	ऽ	ऽ	अ	रे	साँऽ	ऽऽ	ऽ	व
ग	—	स	ऩी	स	—	—	—	—	—	—	—	—	—	—	—
रि	ऽ	या	ऽ	ना	ऽ	ऽ	ऽ	ऽ	ऽ	ऽ	ऽ	ऽ	ऽ	ऽ	ऽ

अन्तरा-1

X				2				X				2			
स	—	ग	म	प	—	प	प	—	म	पम	प	म	गम	ग	—
चा	ऽ	र	स	खी	ऽ	मि	ल	ऽ	झू	लाऽ	ऽ	झु	लाऽ	वें	ऽ
म	ध	प	—	म	ग	—	ग	म	रे	—	–ग	स	—	रे	—
बि	च	वा	ऽ	में	झू	ऽ	लें	ऽ	रा	ऽ	ऽधा	प्या	ऽ	ऽ	ऽ
स	—	ऩी	—	—	—	ऩी	स	रेग	मप	—	म	ग	—	स	ऩी
री	ऽ	ऽ	ऽ	ऽ	ऽ	अ	रे	साँऽ	ऽऽ	ऽ	व	रि	ऽ	या	ऽ
स	—	—	—	—	—	—	—	—	—	—	—	—	ग	—	ग
ना	ऽ	ऽ	ऽ	ऽ	ऽ	ऽ	ऽ	ऽ	ऽ	ऽ	ऽ	ऽ	झू	ऽ	ला

अन्तरा-2

X				2				X				2			
स	—	ग	म	प	—	प	—	—	म	पम	प	म	गम	ग	—
रा	ऽ	धा	ऽ	झू	ऽ	लें	ऽ	ऽ	कृ	ष्णाऽ	ऽ	झु	लाऽ	वें	ऽ
स	—	ग	म	प	—	प	—	—	म	पम	प	म	गम	ग	—
कृ	ऽ	ष्ण	ऽ	झू	ऽ	लें	ऽ	ऽ	रा	धाऽ	ऽ	झु	लाऽ	वें	ऽ
म	ध	प	—	म	गग	—	ग	म	रे	—	–ग	स	—	रे	—
ल	ट	के	ऽ	क	दम	ऽ	वा	ऽ	की	ऽ	ऽऽ	डा	ऽ	ऽ	ऽ
स	—	ऩी	—	—	—	ऩी	स	रेग	मप	—	म	ग	—	स	ऩी
री	ऽ	ऽ	ऽ	ऽ	ऽ	अ	रे	साँऽ	ऽऽ	ऽ	व	रि	ऽ	या	ऽ
स	—	—	—	—	—	—	—	—	—	—	—	—	ग	—	ग
ना	ऽ	ऽ	ऽ	ऽ	ऽ	ऽ	ऽ	ऽ	ऽ	ऽ	ऽ	ऽ	झू	ऽ	ला

वसन्त-सुषमा

राग रागेश्री - ताल त्रिताल

सौजन्य : श्री जी. एम. मोरघोड़े (ग्वालियर)

बन - बन बोलत कोयलिया।
आये बसन्त बहारियाँ, फूली चमेली बेलरियाँ॥
उमगे नये-नये पातवा, हरे-हरे मोहत मनवा।
नाचत मुरवा सुन्दरवा॥

स्थाई

3				X				2				0			
स	ऩी	ध	ऩी	स	–	ग	ग	–	गम	ध	नी	ध	ग	म	ग
न	ब	ऽ	न	बो	ऽ	ल	त	ऽ	कोऽ	य	लि	या	ऽ	ऽ	आ
मग	रे	स	रे	स	–	–	स	ऩीस	रेस	ध़	ऩी	स	ग	–	ग
ऽऽ	ये	ऽ	ब	स	ऽ	ऽ	न्त	बऽ	ऽऽ	हाऽ	रि	याँ	ऽ	ऽ	फू
म	ध	–	नी	सं	–	नी	ध	मध	नी	ध	म	ग	–	म,	रे
ऽ	ली	ऽ	च	मे	ऽ	ली	ऽ	बेऽ	ऽ	ल	रि	याँ	ऽ	ऽ,	ब

अन्तरा

3				X				2				0			
ग	म	धनी	सं	नी	सं	–	नी	सं	नीसं	रें	सं	नी	ध	–	ध
उ	म	गेऽ	ऽ	न	ये	ऽ	न	ये	पाऽ	ऽ	त	वा	ऽ	ऽ	ह
नी	सं	गं	गं	रेंगं	मंगं	रें	–	सं	–	नी	सं	नी	ध	–	–
रे	हे	ऽ	रे	मोऽ	ऽऽ	ह	ऽ	त	ऽ	म	न	वा	ऽ	ऽ	ऽ
ध	पध	नी	ध	म	ग	म	–	धनी	सं	नी	ध	ग	–	म,	रे
ना	चऽ	ऽ	त	मु	र	वा	ऽ	सुऽ	ऽ	न्द	र	वा	ऽ	ऽ,	ब

घन-गर्जन

राग बहार -ताल त्रिताल

सौजन्य : पं. ठाकुर दास (खुर्जा)

उमड़त घन गरजत घोर घोर।
चहुँ ओर कोकिला कूक हूक पपीहा करत उत मोर शोर ॥
चहुँ दिश से घिर आये बदरवा, नित बरसत सखि मोरे मँदिरवा।
पायो नहीं मोहे श्याम संदेसवा, निरखत हूँ मुख मोर-मोर ॥

स्थाई

				3				X				2			
नी	सं	नी	प	म	प	ग	म	नी	ध	नी	सं	–	सं	सं	सं
ड़	त	घ	न	ग	र	ज	त	घो	ऽ	र	घो	ऽ	र	च	हुँ
नीस	रें	रें	रें	–	रें	सं	नी	सं	–	सं	नी	प	प	म	प
ओऽ	ऽ	र	को	ऽ	कि	ला	ऽ	कू	ऽ	क	हू	ऽ	क	प	पी
म	–	–	म	म	प	ग	म	नी	ध	नी	सं	–	सं,	सं	रें
हा	ऽ	ऽ	क	र	त	उ	त	मो	ऽ	र	शो	ऽ	र,	उ	म

अन्तरा

0				३				X				2			
म	म	म	म	नी	ध	नी	नी	सं	–	सं	सं	सं	सं	सं	–
च	हुँ	दि	श	से	ऽ	घि	र	आ	ऽ	ये	ब	द	र	वा	ऽ
सं	मं	रें	रें	सं	सं	नी	प	ग	–	ग	म	रे	रे	स	–
नि	त	ब	र	स	त	स	खि	मो	ऽ	रे	मँ	दि	र	वा	ऽ
रे	–	रे	रे	म	–	म	म	प	–	प	प	प	प	प	–
पा	ऽ	यो	न	हीं	ऽ	मो	हे	श्या	ऽ	म	सं	दे	स	वा	ऽ
प	प	प	प	म	प	ग	म	नी	ध	नी	सं	–	सं,	सं	रें
नि	र	ख	त	हूँ	ऽ	मु	ख	मो	ऽ	र	मो	ऽ	र,	उ	म

शरदृतु

राग बागेश्री-ताल त्रिताल

सौजन्य : श्री डी.टी.जोशी (मेरठ)

मालनियाँ मोरी आवोरी
फूलन हरवा गूँध लावोरी।
शरद ऋतु की चाँदनी निकसी
चादँनी में अरु चादँनी गावत
गावत-गावत गूँध लावोरी॥

स्थाई

3				X				2				0			
ध	–	धनी	पध	नी	–	ध	–	म	–	मप	धप	ग	रे	म	–
मा	ऽ	लऽ	निऽ	याँ	ऽ	मो	ऽ	री	ऽ	आऽ	ऽऽ	वो	ऽ	री	ऽ
म	ग	रे	स	रे	रे	स	–	ध	ध	पध	नीसं	नीध	पम	गरे	स–
फू	ऽ	ल	न	ह	र	वा	ऽ	गूँ	ध	लाऽ	ऽऽ	वोऽ	ऽऽ	रीऽ	ऽऽ

अन्तरा

3				X				2				0			
ग	म	ध	नी	सं	नी	सं	–	नी	–	सं	सं	नी	सं	नी	ध
श	र	द	ऋ	ऽ	तु	की	ऽ	चाँ	ऽ	द	नी	नि	क	सी	ऽ
म	ध	नी	सं	गं	–	रें	सं	नी	–	सं	सं	नी	सं	नी	ध
चाँ	ऽ	द	नी	में	ऽ	अ	रु	चाँ	ऽ	द	नी	गा	ऽ	व	त
ध	नी	सं	गं	रें	ऽ	सं	सं	धनी	संनी	धनी	सं–	नीध	पम	गरे	स–
गा	ऽ	व	त	गा	ऽ	व	त	गूँऽ	ऽऽ	ऽऽ	धऽ	लाऽ	ऽऽ	वोऽ	रीऽ

वसन्तश्री

राग बहार - ताल एकताल

सौजन्य : श्री नारायण राव मोघे (ग्वालियर)

हँसत डुलत ठुमक-ठुमक ऋतु बसन्त आई ।
दृगन दिसत शोभा नव कलियन की न्यारी ॥
बिरहन की ताप मिटत सजत नारि कर श्रृङ्गार ।
मङ्गल अरु गावत सखि सुमधुर सुख दानी ॥

स्थाई

X		0		2		0		3		4	
सं	रें	सं	रें	नी	सं	प	नी	म	प	ग	म
हँ	स	त	डु	ल	त	ठु	म	क	ठु	म	क
नी	प	प	ग	–	म	नी	–	ध	नी	सं	–
ऋ	तु	ब	स	ऽ	न्त	आ	ऽ	ऽ	ऽ	ई	ऽ
रे	ऩी	स	म	म	म	प	–	पनी	मप	ग	म
दृ	ग	न	दि	स	त	शो	ऽ	भाऽ	ऽऽ	न	व
म	नी	ध	नी	सं	–	नी	सं	नीसं	रेंसं	नीध	नीसं
क	लि	य	न	की	ऽ	न्या	ऽ	ऽऽ	ऽऽ	रीऽ	ऽऽ

अन्तरा

ग	म	नी	ध	नी	–	सं	–	सं	नी	सं	सं
बि	र	ह	न	की	ऽ	ता	ऽ	प	मि	ट	त
नी	सं	सं	रें	–	सं	नी	सं	प	नीध	नी	प
स	ज	त	ना	ऽ	रि	क	र	श्र	ङ्गाऽ	ऽ	र
गं	–	गं	गं	मं	मं	रें	–	सं	सं	रें	सं
म	ऽ	ङ्ग	ल	अ	रु	गा	ऽ	व	त	स	खि
सं	रें	सं	रें	नी	सं	नीसं	रेंसं	नीसं	रेंसं	नीध	नीसं
सु	म	धु	र	सु	ख	दाऽ	ऽऽ	ऽऽ	ऽऽ	नीऽ	ऽऽ

वसन्त-मञ्जिमा

राग दीपक-ताल झपताल

काव्यनिर्मिति : श्री जियालाल कुलश्रेष्ठ

सङ्गीतनिर्मिति : श्रीमती कमलेश कुमारी कुलश्रेष्ठ

आयो बसंत है सुखमा निराली।

बन उपवन कुंज शोभा अनूठी।

सोहै चतुर दिश सुखद हरियाली॥

स्थाई

X		2			0		3		
सं	ध	प	म	प	प	म	ग	रे	स
आ	ऽ	यो	ऽ	ब	स	ऽ	न्त	है	ऽ
म	ग	प	–	सं	ध	प	ग	म	प
सु	ख	मा	ऽ	नि	रा	ऽ	ली	ऽ	ऽ

अन्तरा

X		2			0		3		
प	प	सं	–	सं	सं	सं	रें	–	सं
ब	न	उ	ऽ	प	ब	न	कुं	ऽ	ज
सं	–	रें	सं	ध	प	ध	म	प	–
शो	ऽ	भा	ऽ	अ	नू	ऽ	ठी	ऽ	ऽ
ग	म	प	ध	प	म	ग	रे	रे	स
सो	ऽ	है	ऽ	च	तु	र	दि	ऽ	श
ग	म	प	ध	म	प	ग	रे	स	–
सु	ख	द	ह	ऽ	रि	या	ऽ	ली	ऽ

SECTION IV

मल्हार-मन्दाकिनी

Malhāra-Mandākinī

बादरवा

राग सूरदासी मल्हार- ताल त्रिताल

काव्यनिर्मिति एवं सङ्गीतनिर्मिति : कुँवर श्याम

सौजन्य : पं. लक्ष्मण प्रसाद (जयपुर)

झूम झूम झूम बादरवा घिर घिर आये।
पिया बिन अंतहि सतावत उमड़ घुमड़
बरसन लागो री गरज गरज गरज।
आवन कह गये अजहुँ न आये
कुँवर श्याम सौतन घर छाये
जिया घबराये निशदिन लरज लरज लरज।

स्थाई

X				2				0				3			
सं	नी	सं	नी	नी	प	प	–	म	नी	प	म	रे	स	ऩी	स
झू	ऽ	म	झू	ऽ	म	बा	ऽ	द	र	वा	ऽ	घि	र	घि	र
ग	–	–	–	ग	–	ग	–	ग	ग	म	म	रे	रे	स	स
आ	ऽ	ऽ	ऽ	ऽ	ऽ	ये	ऽ	पि	या	बि	न	अ	त	हि	स
रे	–	स	स	स	स	म	म	म	म	म	म	प	प	प	–
ता	ऽ	व	त	उ	म	ड़	घु	म	ड़	ब	र	स	न	ला	ऽ
नी	म	प	–	प	प	प	रें	रें	रें	रें	रें	रें,	रें	सं	रें
गो	ऽ	री	ऽ	ग	र	ज	ग	र	ज	ग	र	ज,	झू	ऽ	म

अन्तरा

0				3				X				2			
म	–	प	प	नी	ध	प	प	सं	नी	सं	सं	रें	नी	सं	–
आ	ऽ	व	न	क	ह	ग	ये	अ	ज	हुँ	न	आ	ऽ	ये	ऽ
प	नी	प	सं	–	सं	सं	–	नी	सं	रें	सं	नी	–	प	–
कुँ	व	र	श्या	ऽ	म	सौ	ऽ	त	न	घ	र	छा	ऽ	ये	ऽ
म	रे	म	म	म	–	रे	म	नी	ध	प	प	प	प	प	रें
जि	या	घ	ब	रा	ऽ	ये	ऽ	नि	श	दि	न	ल	र	ज	ल
रें	रें	रें	रें	रें,	रें	सं	रें	सं	नी	सं	नी	नी	प	प	–
र	ज	ल	र	ज,	झू	ऽ	म	झू	ऽ	म	झू	ऽ	म	बा	ऽ

सावन मनभावन

राग सूरदासी मल्हार - ताल त्रिताल

काव्यनिर्मिति एवं सङ्गीतनिर्मिति : कुँवर श्याम

सौजन्य : पं. लक्ष्मण प्रसाद (जयपुर)

हे ना जा रे ना जा रे ना जा रे पिया प्यारे
हम कर जोरत बार बार बिनती करत
चहूँ ओर छायो घन बरसत
और आयो सावन मनभावन । हे ना जा रे..
वरषा ऋतु में सब त्रिय पिया संग
झूलत हिंडोरे हिलमिल
तुम विदेश जिन जावो
कुँवर श्याम हम लागे पाँव तिहारे । हे ना जा रे ।

स्थाई

0				3				X				2			
प	–	ध	–	नी	–	सं	–	रें	–	सं	नी	सं	–	प	नी॒
हे	ऽ	ना	ऽ	जा	ऽ	रे	ऽ	ना	ऽ	जा	ऽ	रे	ऽ	ना	ऽ
प	म	प	म	ग॒	रे	स	रे	ग॒	–	म	–	प	–	म	–
जा	ऽ	रे	ऽ	पि	या	प्या	ऽ	रे	ऽ	ऽ	ऽ	ऽ	ऽ	ऽ	ऽ
प	–	ध	–	नी	–	सं	–	रें	–	सं	नी	सं	–	प	नी॒
हे	ऽ	ना	ऽ	जा	ऽ	रे	ऽ	ना	ऽ	जा	ऽ	रे	ऽ	ना	ऽ
प	म	प	म	ग॒	रे	स	रे	ग॒	–	–	–	ग॒	ग॒	ग॒	ग॒
जा	ऽ	रे	ऽ	पि	या	प्या	ऽ	रे	ऽ	ऽ	ऽ	ह	म	क	र

0				3				X				2			
ग	–	ग	ग	ग	–	ग	ग	–	ग	ग	म	रे	स	ऩी	स
जो	ऽ	र	त	बा	ऽ	र	बा	ऽ	र	बि	न	ती	क	र	त
स	म	–	म	म	म	म	–	प	–	प	प	नी	म	प	प
च	हूँ	ऽ	ओ	ऽ	र	छा	ऽ	यो	ऽ	घ	न	ब	र	स	त
प	प	रें	–	रें	–	सं	नी	सं	सं	नी	नी	ध	–	प	म
औ	र	आ	ऽ	यो	ऽ	सा	ऽ	व	न	म	न	भा	ऽ	व	न
प	–	ध	–	नी	–	सं	–	रें	–	सं	नी	सं	–	प	नी
हे	ऽ	ना	ऽ	जा	ऽ	रे	ऽ	ना	ऽ	जा	ऽ	रे	ऽ	ना	ऽ

अन्तरा

0				3				X				2			
म	म	प	–	नी	प	नी	–	सं	सं	सं	सं	रें	नी	सं	सं
व	र	षा	ऽ	ऋ	तु	में	ऽ	स	ब	त्रि	य	पि	या	सं	ग
–	–	प	नी	प	सं	–	सं	नी	सं	रें	सं	नी	सं	नी	प
ऽ	ऽ	झू	ऽ	ल	त	ऽ	हिं	डो	ऽ	रे	ऽ	हि	ल	मि	ल
रे	म	रे	म	—	म	म	प	नी	ध	प	–	प	प	प	रें
तु	म	वि	दे	ऽ	श	जि	न	जा	ऽ	वो	ऽ	कुँ	व	र	श्या
–	रें	रें	रें	सं	नीं	सं	–	नी	–	नी	नी	ध	–	प	म
ऽ	म	ह	म	ला	ऽ	गे	ऽ	पाँ	ऽ	व	ति	हा	ऽ	रे	ऽ

वर्षर्तु

राग गौडमल्हार - ताल त्रिताल

काव्यनिर्मिति एवं सङ्गीतनिर्मिति : कुँवर श्याम

सौजन्य : पं. लक्ष्मण प्रसाद (जयपुर)

उमड़ घुमड़ गरज-गरज बरसन आयेरी बादरवा।
बोलन लागे दादुर मोर पपीहा पिया सौतन घर छाये॥
बिजरी चमक-चमक डरपावे कुँवर श्याम बिन विरहा सतावे।
चैन न पावे एक घरी पल छिन यों हीं गँवाये॥

स्थाई

X				2				0				3			
स	स	स	ध	ध	ध	ध	नी̱	ध	प	म	प	ध	म	प	प
उ	म	ड़	घु	म	ड़	ग	र	ज	ग	र	ज	ब	र	स	न
म	प	ध	नी	सं	रें	सं	–	ध	सं	ध	प	ग	प	म	–
आ	ऽ	ऽ	ऽ	ऽ	ऽ	ये	ऽ	री	ऽ	बा	ऽ	द	र	वा	ऽ
म	–	रे	स	रे	–	स	–	स	–	म	म	म	–	म	म
बो	ऽ	ल	न	ला	ऽ	गे	ऽ	दा	ऽ	दु	र	मो	ऽ	र	प
प	–	प	–	रे	रे	ध	–	ध	नी̱	ध	प	ग	प	म	ग
पी	ऽ	हा	ऽ	पि	या	सौ	ऽ	त	न	घ	र	छा	ऽ	ये	ऽ

अन्तरा

0				3				X				2			
प	प	प	–	नी	ध	नी	नी	सं	सं	सं	सं	सं	रें	सं	–
बि	ज	री	ऽ	च	म	क	च	म	क	ड	र	पा	ऽ	वे	ऽ
नी	नी	नी	नी	–	सं	ध	नी	सं	रें	नी	सं	ध	नी	प	–
कुँ	व	र	श्या	ऽ	म	बि	न	वि	र	हा	स	ता	ऽ	वे	ऽ
म	–	म	रे	प	–	प	–	म	प	ध	नी	सं	रें	नी	सं
चै	ऽ	न	न	पा	ऽ	वे	ऽ	ए	क	ध	री	प	ल	छि	न
ध	सं	ध	प	ग	प	म	ग	स	स	स	ध	ध	ध	ध	नी
यों	ऽ	हीं	गँ	वा	ऽ	ये	ऽ	उ	म	ड़	घु	म	ड़	ग	र

प्रोषितपतिका

राग मेघमल्हार - ताल त्रिताल

काव्यनिर्मिति एवं सङ्गीतनिर्मिति : पं. लक्ष्मण प्रसाद (जयपुर)

मोरे पिया परदेश छाये
मोरी आली मोहे कछु न सुहाये।
तरपत रैन नींद नहीं आवत
विरहा ताहूपै अति ही सतावत
कहा करूँ लछमन, अब जैन न आये।

स्थाई

0				3				X				2			
म-	रेस	ऩीस	रे	स	प़	ऩी	प़	रे	–	–	ऩी	स	–	ऩी	स
पिऽ	याऽ	ऽऽ	प	र	दे	ऽ	श	छा	ऽ	ऽ	ऽ	ये	ऽ	मो	रे
म–	रेस	ऩीस	रे	स	प़	ऩी	प़	रे	–	–	ऩी	स	–	ऩी	स
पिऽ	याऽ	ऽऽ	प	र	दे	ऽ	श	छा	ऽ	ऽ	ऽ	ये	ऽ	मो	री
म	रे	प	म	नी	प	म	रे	ऩीस	रेम	रेस	रेम	पनी	पम	रेस	ऩीस
आ	ली	मो	हे	क	छु	न	सु	हाऽ	ऽऽ	ऽऽ	ऽऽ	ऽऽ	ऽऽ	येऽ	ऽऽ

अन्तरा

0				3				X				2			
म	म	म	म	प	–	प	नी	म	प	सं	नी	सं	–	सं	सं
त	र	प	त	रै	ऽ	न	नीं	ऽ	द	न	हीं	आ	ऽ	व	त
प	प	नी	प	नी	–	सं	सं	नी	रें	सं	रें	प	नी	प	प
वि	र	हा	ऽ	ता	ऽ	हू	पै	अ	ति	ही	स	ता	ऽ	व	त
ऩी	स	–	म	रे	–	प	म	नी	प	सं	नी	रे	म	रे	स
क	हा	ऽ	क	रूँ	ऽ	ल	छ	म	न	अ	ब	चै	ऽ	न	न
ऩीस	रेम	रेस	रेम	पनी	पम	पनी	सरें	संनी	सरें	संनी	पनी	पम	रेम	रेस	ऩीस
आऽ	ऽऽ	ऽऽ	ऽऽ	ऽऽ	ऽऽ	ऽऽ	ऽऽ	ऽऽ	ऽऽ	ऽऽ	ऽऽ	ऽऽ	ऽऽ	येऽ	ऽऽ

वर्षा

राग मियाँमल्हार - ताल झपताल

काव्यनिर्मिति एवं सङ्गीतनिर्मिति : पं. लक्ष्मण प्रसाद (जयपुर)

बरसा की ऋतु आई आली री
सुन्दर संदेसा एक लाई।
बरसा की ऋतु आई।
आवेंगे मोरे धाम, आज री मनमोहन
आवेंगे मोरे धाम
लछमण भई मन सुहाई।
बरसा की ऋतु आई।

स्थाई

X		2			0		3		
					संसंनीप	मपनीप	ग-ग-	म-रेम	रे
					ब ऽरऽ	सा ऽऽऽ	कीऽऽऽ	ऽऽऋऽ	तु
प-	प-	नीध	संनी	सं-	सं	ग	म	रे	स
आऽ	ऽऽ	ऽऽ	ऽऽ	ईऽ	आ	ऽ	ऽ	ली	री
ऩी	ध़	ऩी	स	प	ग	म	रे	प	प
सुं	ऽ	द	र	सं	दे	ऽ	सा	ए	क
संसंनीप	मपधनी	संरेंगं	ग-मम	रेसऩीस	संसंनीप	मपनीप	ग-ग-	म-रेम	रे
ला ऽऽऽ	ऽऽऽऽ	ऽऽऽऽ	ऽऽऽऽ	ई ऽऽऽ	वऽ रऽ	साऽऽऽ	कीऽऽऽ	ऽऽऋऽ	तु

अन्तरा

X		2			0		3		
म	रे	प	–	प	नी	ध	नी	सं	सं
आ	ऽ	वें	ऽ	गे	मो	रे	धा	ऽ	म
गं	मं	रें	सं	–	सं–नीप	ग - - -	म	रे	स
आ	ऽ	ज	री	ऽ	मऽनऽ	मोऽऽऽ	ऽ	ह	न
ऩी	ध़	ऩी	स	प	ग	म	रे	रे	प
ल	क्ष	म	न	भ	ई	ऽ	म	न	सु
संसंनीप	मपधनी	संरेंगं-	ग-मम	रेसनीस	संसंनीप	मपनीप	ग - ग -	म-रेम	रे
हाऽऽऽ	ऽऽऽऽ	ऽऽऽऽ	ऽऽऽऽ	ईऽऽऽ	बऽ रऽ	साऽऽऽ	की ऽ ऽ ऽ	ऽऽऋ ऽ	तु

सुहागपरी

राग नटमल्हार - ताल एकताल

काव्यनिर्मिति एवं सङ्गीतनिर्मिति : अदारंग

सौजन्य : प्रो. ध्रुवतारा जोशी (शान्तिनिकेतन)

ऐ सुहागपरी।
कारी बदरिया बरसन ला लागी अति जोर।
ऐ सुहागपरी।
अदारंग बूँद फुहार परन लागी
कैसे मिलूँ चितचोर, सुहागपरी।

स्थाई

X		0		2		0		3		4	
स	—	रे	ग	म	प	म	ग	रे	स	—	स
ऐ	ऽ	ऽ	ऽ	ऽ	सु	हा	ऽ	ग	प	ऽ	री
रे	—	रे	ग	ग	म	प	—	म	ग	—	म
का	ऽ	री	ऽ	ब	द	रि	ऽ	या	ऽ	ऽ	ऽ
रे	रे	प	प	धध	पम	प-	मप	धनी	सं-	धप	म-
ब	र	स	न	लाऽ	ऽऽ	लाऽ	गीऽ	ऽऽ	ऽऽ	अति	जोऽ
ग	रे	रे	ग	म	प	म	ग	रे	स	—	स
ऽ	र	ऐ	ऽ	ऽ	सु	हा	ऽ	ग	प	ऽ	री

अन्तरा

X		0		2		0		3		4	
प	प	सं	—	सं	सं	—	रें	सं	—	सं	सं
अ	दा	रं	ऽ	ग	बूँ	ऽ	ऽ	द	ऽ	फु	हा
ध	—	सं	—	सं	सं	रें	सं	—	सं	सं	—
ऽ	ऽ	र	ऽ	प	र	न	ला	ऽ	गी	कै	ऽ
रें	गं	मं	रें	सं	ध	—	प	मप	धनी	सं	धप
से	ऽ	ऽ	मि	लूँ	ऽ	ऽ	ऽ	चिऽ	ऽऽ	ऽ	तऽ
म	ग	रे	ग	म	प	म	ग	रे	स	—	स
चो	ऽ	र	ऽ	ऽ	सु	हा	ऽ	ग	प	ऽ	री

घन-गर्जन

राग मियाँमल्हार — ताल आड़ाचौताल

सौजन्य : पं. एन. आर. जोशी (इलाहाबाद)

गरज - गरज बरसन लागे
दादुर मुरला बोलन लागे।
घन गरजे घन बिजरी चमके
पवन बहत पावस परत
कैसे दिन सुहावे जागे॥

स्थाई

X		2		0		3		0		4		0	
रे	म	रे	स	ऩी̱	प़	म़	प़	ऩी̱	ध़	ऩी	–	स	–
ग	र	ज	ग	र	ज	ब	र	स	न	ला	ऽ	गे	ऽ
म	रे	प	नी̱	ध	धनी	सं	सं	नी̱	प	मप	नी̱प	ग̱	–
दा	दु	र	मु	र	लाऽ	ऽ	बो	ल	न	लाऽ	ऽऽ	गे	ऽ

अन्तरा

X		2		0		3		0		4		0	
म	रे	प	प	नी̱	ध	–	नी	सं	सं	सं	नी	सं	सं
घ	न	ग	र	जे	घ	ऽ	न	बि	ज	री	च	म	के
नी̱ध	नी̱ध	नी̱ध	नी̱ध	नी	सं	रें	नी	सं	सं	नी̱	प	म	प
पऽ	वऽ	नऽ	बऽ	ह	त	पा	व	स	प	र	त	कै	ऽ
धनी	सं	सं	सं	रेंसं	नी̱	प	प	मप	धनी	सं	–	ग	–
सेऽ	ऽ	दि	न	सुऽ	हा	ऽ	वे	जाऽ	ऽऽ	ऽ	ऽ	गे	ऽ

SECTION V

तानसेन-ध्रुपद-रामणीयकम्

Tānasena-Dhrupada-Rāmaṇīyakam

नीलकण्ठ शिवशङ्कर

राग शङ्करा - ताल चौताल

काव्यनिर्मिति एवं सङ्गीतनिर्मिति : मियाँ तानसेन

सौजन्य : उस्ताद आदिल खाँ (झाँसी)

महादेव देव देवन पति ईश सुरेश नीलकण्ठ शिव ।
पंचानन पारवतीपति दुखहरण ॥
बामदेव महादेव जटा जूट गंग शिखर ।
डिम-डिम डमरू बाजत मुनि रीझत सुख करत ॥
वृषवाहन जटाजूट गंग शिखि बहुरूप ।
डिम-डिम डमरू बाजै त्रिशूल धरन ॥
'तानसेन' शिवशंकर दया कीजै भोलानाथ ।
जगत पोषण धरत ॥

स्थाई

X		0		2		0		3		4	
सं	सं	नी	नी	प	प	प	ग	प	ग	—	स
म	हा	दे	व	दे	व	दे	व	न	प	ऽ	ति
स	स	ग	स	स	ग	प	ग	–	ग	स	स
ई	श	सु	रे	श	नी	ल	क	ऽ	ण्ठ	शि	व
स	स	–	ग	–	ग	प	–	नी	नी	सं	—
पं	चा	ऽ	न	ऽ	न	पा	ऽ	र	व	ती	ऽ
सं	सं	–	नी	–	प	–	ग	–	प	ग	स
प	ति	ऽ	दु	ऽ	ख	ऽ	ह	ऽ	ऽ	र	ण

अन्तरा

X		0		2		0		3		4	
प	–	प	सं	–	सं	सं	सं	–	सं	–	सं
वा	ऽ	म	दे	ऽ	व	म	हा	ऽ	दे	ऽ	व
सं	सं	–	नी	–	प	प	–	सं	नी	प	प
ज	टा	ऽ	जू	ऽ	ट	गं	ऽ	ग	शि	ख	र
सं	सं	गं	गं	गं	गं	पं	–	गं	सं	सं	सं
डि	म	डि	म	ड	म	रू	ऽ	ऽ	बा	ज	त
सं	सं	नी	–	प	प	ग	ग	प	ग	स	स
मु	नि	री	ऽ	झ	त	सु	ख	ऽ	क	र	त

सञ्चारी

X		0		2		0		3		4	
प	प	ग	–	प	प	सं	सं	–	सं	–	सं
वृ	ष	वा	ऽ	ह	न	ज	टा	ऽ	जू	ऽ	ट
नी	–	नी	–	प	प	ग	–	प	–	सं	–
शि	ऽ	खि	ऽ	ब	हु	रू	ऽ	ऽ	ऽ	प	ऽ
सं	सं	गं	गं	सं	सं	गं	–	सं	–	सं	–
डि	म	डि	म	ड	म	रू	ऽ	बा	–	जै	ऽ
सं	–	नी	प	–	प	ग	–	प	ग	–	स
त्रि	ऽ	ऽ	शू	ऽ	ल	ध	ऽ	ऽ	र	ऽ	न

आभोग

X		0		2		0		3		4	
प	ग	प	सं	–	सं	प	–	प	सं	सं	सं
ता	ऽ	न	से	ऽ	न	शि	ऽ	व	शं	क	र
नी	नी	–	प	–	प	ग	–	प	सं	–	सं
द	या	ऽ	की	ऽ	जै	भो	ऽ	ला	ना	ऽ	थ
सं	–	–	गं	–	गं	पं	–	गं	सं	–	सं
ज	ऽ	ऽ	ग	ऽ	त	पो	ऽ	ऽ	ष	ऽ	ण
गं	गं	सं	–	नी	–	प	–	ग	–	स	–
ध	ऽ	ऽ	ऽ	ऽ	ऽ	र	ऽ	ऽ	ऽ	त	ऽ

भागीरथी विष्णुपदा

राग हिण्डोल - ताल चौताल

काव्यनिर्मिति एवं सङ्गीतनिर्मिति - मियाँ तानसेन

सौजन्य : उस्ताद मस्सू खाँ (उज्जैन)

जै गंगा जग तारिनी जग जननी पाप हरनी ।
वेद बरनी बैकुंठ निसानी ॥
भागीरथी विष्णुपदा पवित्रा त्रिपयसा ।
जाह्नवी जग पावनी जग जानी ॥
ईस सीस मध्य विराजत त्रैलोक पावन किये ।
जीव जंतु खग मृग सुर नर मुनि मानी ॥
'तानसेन' प्रभु तेरी स्तुति करत है ।
दाता भक्त जनन की मुक्ति की बरदानी ॥

स्थाई

X		0		2		0		3		4	
सं	–	सं	ध	सं	म॑	ध	ध	म॑	ग	स	स
जै	ऽ	गं	ऽ	गा	ऽ	ज	ग	ता	ऽ	रि	नी
स	स	ध़	ध़	स	–	स	ग	म॑	ग	स	स
ज	ग	ज	न	नी	ऽ	पा	ऽ	प	ह	र	नी
स	–	–	स	ग	–	म॑	ध	नी	ध	सं	–
वे	ऽ	ऽ	द	ब	ऽ	र	ऽ	नी	ऽ	ऽ	ऽ
सं	गं	सं	ध	म॑	सं	सं	ध	म॑	ग	स	–
बै	ऽ	कुं	ऽ	ऽ	ठ	नि	ऽ	सा	ऽ	नी	ऽ

अन्तरा

X		0		2		0		3		4	
म॑	ग	–	म॑	–	ध	सं	–	सं	सं	सं	–
भा	गी	ऽ	र	ऽ	थी	वि	ऽ	ष्णु	प	दा	ऽ
सं	सं	–	सं	–	–	गं	सं	सं	ध	–	–
प	वि	ऽ	त्रा	ऽ	ऽ	त्रि	प	य	सा	ऽ	ऽ
म॑	–	म॑	गं	–	–	म॑	–	गं	सं	–	–
जा	ऽ	ह्न	वी	ऽ	ऽ	ज	ऽ	ऽ	ग	ऽ	ऽ
सं	सं	सं	गं	सं	सं	सं	ध	म॑	ग	स	–
पा	व	नी	ज	ऽ	ग	जा	ऽ	ऽ	ऽ	नी	ऽ

सञ्चारी

X		0		2		0		3		4	
स	–	स	ग	–	ग	म	म	ध	सं	सं	सं
ई	ऽ	स	सी	ऽ	स	म	ध्य	वि	रा	ज	त
सं	–	–	गं	सं	सं	ध	ध	सं	सं	सं	–
त्रै	ऽ	ऽ	लो	ऽ	क	पा	व	न	कि	ये	ऽ
सं	–	सं	गं	–	गं	मं	–	मं	गं	सं	सं
जी	ऽ	व	जं	ऽ	तु	ख	ऽ	ग	मृ	ऽ	ग
सं	सं	ध	ध	म	म	ग	ग	म	ग	स	स
सु	र	न	र	मु	नि	मा	ऽ	ऽ	ऽ	नी	ऽ

आभोग

X		0		2		0		3		4	
म	–	म	ग	–	ग	म	–	ग	स	–	स
ता	ऽ	न	से	ऽ	न	प्र	ऽ	भु	ते	ऽ	री
ग	ग	–	म	–	ध	सं	सं	–	सं	–	–
इ	स्तु	ऽ	ती	ऽ	क	र	त	ऽ	है	ऽ	ऽ
गं	–	गं	मं	–	मं	गं	गं	गं	सं	–	–
दा	ऽ	ता	भ	ऽ	क्त	ज	न	न	की	ऽ	ऽ
सं	–	ध	ध	म	म	ग	–	म	ग	स	–
मु	ऽ	त्रि	की	ब	र	दा	ऽ	ऽ	ऽ	नी	ऽ

कृष्ण गिरिधर

राग मेघमल्हार - ताल चौताल

काव्यनिर्मिति एवं सङ्गीतनिर्मिति - मियाँ तानसेन

सौजन्य : पं. राजा भैया पूँछवाले (ग्वालियर)

प्रबल दल साजे झुक झूम या भूमि पर।
उमड़ घन घोर झर इन्द्र ले आयो रे॥
बरसत मूसलाधार होत पहर चार।
कृष्ण गिरिधर गोकुल बचायो रे॥
बूँदन ते धरणीधर सबन की रक्षा कर।
पशु पक्षी जीव जंतु अति सुख पायो रे॥
कहें मियाँ तानसेन तेरो गति अव्यक्त।
सुरपति अधीन होय सीस नवायो रे॥

स्थाई

X		0		2		0		3		4	
सं	नी̲	सं	–	ध	प	नी̲	म	प	–	म	रे
प्र	ब	ल	ऽ	द	ल	सा	ऽ	जे	ऽ	झु	क
म	–	रे	–	प	–	म	–	रे	रे	स	स
झू	ऽ	म	ऽ	या	ऽ	भू	ऽ	ऽ	मि	प	र
ऩी̲	स̲	रे	–	म	म	प	–	ध	प	म	प
उ	म	ड़	ऽ	घ	न	घो	ऽ	ऽ	र	झ	र
ध	सं	प	–	प	–	म	–	प	–	नी̲	प
इ	ऽ	न्द्र	ऽ	ले	ऽ	आ	ऽ	यो	ऽ	रे	ऽ

अन्तरा

X		0		2		0		3		4	
म	प	नी	–	नी	नी	सं	सं	–	नी	सं	सं
ब	र	स	ऽ	त	मू	स	ला	ऽ	धा	ऽ	र
नी	सं	रें	मं	रें	–	सं	सं	नी	–	प	प
हो	ऽ	त	ऽ	प	ऽ	ह	र	चा	ऽ	ऽ	र
रें	–	रें	–	सं	–	सं	–	नी	–	सं	–
कृ	ऽ	ष्ण	ऽ	गि	ऽ	रि	ऽ	ध	ऽ	र	ऽ
म	प	ध	सं	ध	प	–	म	रे	म	नी	प
गो	ऽ	कु	ल	ब	चा	ऽ	ऽ	यो	ऽ	रे	ऽ

सञ्चारी

X		0		2		0		3		4	
म	रे	म	म	प	–	प	म	प	–	प	प
बूँ	ऽ	द	न	ते	ऽ	ध	र	णी	ऽ	ध	र
म	प	ध	–	सं	–	ध	प	–	म	रे	–
स	ब	न	ऽ	की	ऽ	र	क्षा	ऽ	क	र	ऽ
म	म	–	म	–	म	रे	–	रे	स	–	स
प	शु	ऽ	प	ऽ	क्षी	जी	ऽ	व	जं	ऽ	तु
ऩी	स	रे	म	म	–	प	–	नी	–	नी	प
अ	ति	सु	ऽ	ख	ऽ	पा	ऽ	यो	ऽ	रे	ऽ

आभोग

X		0		2		0		3		4	
म	प	नी	–	नी	–	सं	–	सं	सं	–	सं
क	हें	मि	ऽ	याँ	ऽ	ता	ऽ	न	से	ऽ	न
नी	सं	रें	मं	रें	सं	नी	सं	नी	–	प	–
ते	ऽ	रो	ऽ	ग	ति	अ	ऽ	व्य	ऽ	क्त	ऽ
रें	रें	रें	मं	रें	–	सं	सं	–	सं	सं	सं
सु	र	प	ऽ	ति	ऽ	अ	धी	ऽ	न	हो	य
म	प	सं	–	नी	–	प	म	रे	म	प	–
सी	ऽ	स	ऽ	न	ऽ	वा	ऽ	यो	ऽ	रे	ऽ

चन्द्रवदनी

राग मालकोश –ताल चौताल

काव्यनिर्मिति एवं सङ्गीतनिर्मिति : मियाँ तानसेन

सौजन्य : उस्ताद ज़मीरुद्दीन खाँ (कलकत्ता)

चन्द्रवदनी मृगनैनी तारा मध्य तारिका गंग।
पूतरी कालिन्दी इहि विधि डोरे बनाय कीन्ही तिरबैनी ॥
छूटे पोतकंठ दीपक मुख की जोति होत।
तामें गुप्त सरस्वती मिली ऐन मेंनी ॥
सुंदर रूप अनुपम शोभा त्रिविध रजोगुन तामस सुत।
राजत लाल श्वेत श्याम तरन तारनी मुक्ति दैनी ॥
निरखत ही आनन्द होत तब हरसत परसत ही।
तेरो रूप अपरंपार कहाँ लौं बखाने 'तानसेनी' ॥

स्थाई

X		0		2		0		3		4	
स	–	स	म	म	म	म	म	ग	–	ग	–
च	ऽ	न्द्र	व	द	नी	मृ	ग	नै	ऽ	नी	ऽ
म	म	ध	ध	नी	–	नी	ध	म	ग	–	म
ता	रा	म	ध्य	ता	ऽ	रि	का	ऽ	गं	ऽ	ग
स	स	ग	ग	म	म	ध	ध	नी	नी	सं	सं
पू	त	री	का	लि	न्दी	इ	हि	वि	धि	डो	रे
गं	सं	–	सं	नी	ध	म	ग	म	ग	स	ऩी
ब	ना	ऽ	य	की	ऽ	न्ही	ऽ	ति	र	बै	नी

अन्तरा

X		0		2		0		3		4	
ग̲	–	म	–	ध̲	–	नी̲	–	सं	–	सं	–
छू	ऽ	टे	ऽ	पो	ऽ	त	ऽ	कं	ऽ	ठ	ऽ
नी̲	–	नी̲	नी̲	ध̲	नी̲	सं	नी̲	ध̲	ध̲	म	म
दी	ऽ	प	क	मु	ख	की	ऽ	जो	ति	हो	त
सं	–	गं̲	–	गं̲	–	गं̲	मं	मं	गं̲	सं	सं
ता	ऽ	में	ऽ	गु	ऽ	प्त	स	र	ऽ	स्व	ती
सं	–	सं	–	नी̲	ध̲	म	ग̲	म	ग̲	स	ऩी̲
मि	ऽ	ली	ऽ	ऐ	ऽ	न	ऽ	में	ऽ	नी	ऽ

सञ्चारी

X		0		2		0		3		4	
सं	नी	ध	सं	सं	ग	म	ध	नी	सं	–	सं
सुं	द	र	रू	प	अ	नु	प	म	शो	ऽ	भा
गं	सं	सं	नी	ध	म	म	ध	नी	ध	सं	सं
त्रि	वि	ध	र	जो	गु	न	ता	म	स	सु	त
गं	गं	गं	सं	–	सं	नी	–	नी	ध	–	ध
रा	ज	त	ला	ऽ	ल	श्वे	ऽ	त	श्या	ऽ	म
नी	नी	नी	ध	ध	ध	म	–	म	ग	स	स
त	र	न	ता	र	नी	मु	ऽ	क्ति	दै	ऽ	नी

आभोग

X		0		2		0		3		4	
म	म	म	म	ग	स	म	–	म	म	–	म
नि	र	ख	त	ही	आ	न	ऽ	न्द	हो	ऽ	त
ध	ध	ध	ध	म	ग	ध	ध	ध	ध	ध	–
त	ब	द	र	स	त	प	र	स	त	ही	ऽ
सं	–	सं	सं	–	सं	नी नी	ध	–	सं	–	सं
ते	ऽ	रो	रू	ऽ	प	अप	रं	ऽ	पा	ऽ	र
सं	सं	नी	ध	म	म	ग	–	म	ग	–	स
क	हाँ	लौं	ब	खा	नै	ता	ऽ	न	से	ऽ	नी

विद्याधर

राग खट - ताल सूल

काव्यनिर्मिति एवं सङ्गीतनिर्मिति : मियाँ तानसेन

सौजन्य : प्रो. ध्रुवतारा जोशी (शान्तिनिकेतन)

विद्याधर गुनियन सों डरिये।
गुन चरचा की लराई न लरिये॥
मेरे तेरे एक न्याव चन्दन बबूल सों।
कहें 'मियाँ तानसेन' तान न तनिये॥

स्थाई

0		X		0		2		3	
म	म	प	प	ध	—	ध	नी	प	—
ऽ	द्या	ध	र	गु	ऽ	नि	य	न	ऽ
नी	सं	—	सं	रें	ध	—	प	म	प
सों	ऽ	ऽ	ड	रि	ये	ऽ	ऽ	गु	न
ग	—	म	प	ध	नी	सं	सं	ध	—
च	ऽ	र	चा	ऽ	की	ऽ	ल	रा	ऽ
प	—	धप	म	प	ग	—	—	—	प
ई	ऽ	नऽ	ल	रि	ये	ऽ	ऽ	ऽ	वि

अन्तरा

0		X		0		2		3	
म	म	ध	—	ध	सं	सं	सं	—	सं
मे	रे	ते	ऽ	रे	ए	क	न्या	ऽ	व
ध	ध	सं	—	गं	रें	सं	ध	—	प
च	न्द	न	ऽ	ब	बू	ल	सों	ऽ	ऽ
म	प	ग	—	म	प	ध	नी	सं	सं
क	हें	मि	ऽ	याँ	ता	न	से	ऽ	न
ध	—	प	—	धध	पम	प	ग	रे	प
ता	ऽ	न	ऽ	नऽ	तऽ	नि	ये	ऽ	वि

गणपति

राग तोड़ी - ताल चौताल

काव्यनिर्मिति एवं सङ्गीतनिर्मिति : मियाँ तानसेन

सौजन्य : पं. राजा भैया पूँछवाले (ग्वालियर)

प्रथम नाद सरस्वती गणपति बुद्धि दाता।
जाकी कृपा तैं अन्न धन लक्ष्मी, पालन करे सब जग त्राता ॥
जोई-जोई आवत मन फल पावत, सब गुनियन कौ देत विधाता।
'तानसेन' प्रभु जुग-जुग जीवौं, चरन कमल रंग राता ॥

स्थाई

1		0		2		0		3		4	
स	स	रे	ग	रे	स	ध़	ध़	ऩी	स	–	स
प्र	थ	म	ना	ऽ	द	सं	रं	ऽ	स्व	ऽ	ती
मॆ	प	ध	मॆ	ग	ग	रे	–	–	ग	रे	स
ग	ण	प	ति	बु	द्धि	दा	ऽ	ऽ	ऽ	ता	ऽ
ऩी	स	रे	ग	मॆ	ध	ध	नी	सं	नी	ध	प
जा	की	कृ	पा	तैं	अ	न्न	ध	न	ल	क्ष्मी	ऽ
सं	–	नी	ध	प	प	म	ग	रे	ग	रे	स
पा	ऽ	ल	न	क	रे	स	ब	ज	ग	त्रा	ता

अन्तरा

X		0		2		0		3		4	
पप	पप	ग	–	म	ध	संसं	संसं	सं	–	सं	सं
जोई	जोई	आ	ऽ	व	त	मन	फल	पा	ऽ	व	त
संसं	संसं	संसं	संसं	रें	–	गं	रें	सं	नी	सं	नीध
सब	गुनि	यन	कौ	दे	ऽ	त	वि	धा	ऽ	ऽ	ताऽ
प	प	प	प	म	ग	म	ध	नी	नी	सं	सं
ता	न	से	न	प्र	भु	जु	ग	जु	ग	जी	वौं
रें	गं	रें	सं	नी	ध	प	प	रे	ग	रे	स
च	र	न	क	म	ल	रं	ग	रा	ऽ	ता	ऽ

स्वर-ग्राम-मूर्च्छना

राम मियाँमल्हार– ताल चौताल

काव्यनि।र्मिति एवं सङ्गीतनिर्मिति : मियाँ तानसेन

सौजन्य : पं. राजा भैया पूँछवाले (ग्वालियर)

सघन बन छायो द्रुम बेली माधो भवन।
अति प्रकाश बरन-बरन पुष्प रंग लायो।
कोकिला खञ्जन की कपोत आनन्द करि।
चमकत चहुँ ओर झर बरसायो॥
सप्त सुर तीन ग्राम इक्कीस मूर्च्छना।
युक्त जुक्त लाग डाँट कर दिखलायो॥
कहें 'मियाँ तानसेन' सुनो शाह अकबर।
वर्षा ऋतु में राग मियाँमल्हार गायो॥

स्थाई

X		0		2		0		3		4	
सं	–	नी	नी	प	प	नीध	नीध	नी	सं	–	सं
स	ऽ	घ	न	ब	न	छाऽ	ऽऽ	यो	द्रु	ऽ	म
सं	–	सं	ध	नी	प	प	म	प	नीध	सं	सं
बे	ऽ	ली	ऽ	मा	ऽ	धो	ऽ	भ	वऽ	ऽ	न
नी	नी	प	ग	ग	म	प	ग	म	रे	स	स
अ	ति	प्र	का	ऽ	श	ब	र	न	ब	र	न
ग	गम	रे	–	स	–	रें	सं	नीध	नी	सं	सं
पु	ष्प	रं	ऽ	ग	ऽ	ला	ऽ	ऽऽ	ऽ	ऽ	यो

अन्तरा

X		0		2		0		3		4	
प	–	प	नीध	नीध	नी	सं	सं	–	सं	–	सं
को	ऽ	कि	लाऽ	ऽऽ	ख	ञ्ज	न	ऽ	की	ऽ	र
नीध	नीध	नीध	नी	सं	–	रें	नी	सं	नी	–	प
कऽ	पोऽ	तऽ	आ	ऽ	ऽ	न	ऽ	न्द	क	ऽ	रि
प	प	ग	म	नी	प	प	ग	म	रे	–	स
च	म	क	ऽ	त	ऽ	च	हुँ	ऽ	ओ	ऽ	र
म	रे	प	–	प	–	नी	ध	नी	–	–	सं
झ	ऽ	ऽ	ऽ	र	ऽ	ब	र	सा	ऽ	ऽ	यो

सञ्चारी

X		0		2		0		3		4	
प	–	प	नीध	नीध	नी	सं	–	नी	सं	–	सं
स	ऽ	प्त	सुऽ	ऽऽ	र	ती	ऽ	न	ग्रा	ऽ	म
नीध	नीध	नीध	नी	सं	सं	रें	नी	सं	नी	–	प
इऽ	कीऽ	ऽऽ	ऽ	ऽ	स	मू	ऽ	र्च्छ	ना	ऽ	ऽ
प	प	ग	म	नी	प	प	ग	म	रे	–	स
यु	ऽ	क्त	जु	ऽ	क्त	ला	ऽ	ग	डाँ	ऽ	ट
म	रे	प	प	प	प	नी	ध	नी	–	सं	–
क	ऽ	ऽ	र	दि	ख	ला	ऽ	ऽ	ऽ	यो	ऽ

आभोग

X		0		2		0		3		4	
प	–	प	नीध	नीध	नी	सं	–	नी	सं	–	सं
क	ऽ	हें	मिऽ	ऽऽ	याँ	ता	ऽ	न	से	ऽ	न
नीध	नीध	नीध	नी	सं	सं	रें	नी	सं	नी	–	प
सुऽ	नोऽ	ऽऽ	शा	ऽ	ह	अ	क	ऽ	ब	ऽ	र
प	प	ग	म	नी	प	प	ग	म	रे	–	स
व	ऽ	र्षा	ऽ	ऋ	तु	में	ऽ	ऽ	रा	ऽ	ग
म	रे	प	प	प	प	नी	ध	नी	–	सं	–
मि	याँ	ऽ	म	ल्हा	र	गा	ऽ	ऽ	ऽ	यो	ऽ

SECTION VI

ठुमरी - पल्लवी

Ṭhumarī-Pallavī

हरिणाक्षी

राग खमाज - (ठुमरी) - ताल त्रिताल

काव्यनिर्मिति एवं सङ्गीतनिर्मिति : पं. ललनपिया

नई नार नयो रंग ढंग छल बल सों
वो देखो आई आली रंगीली छबीली छवि सों।
नैनन की चलन फिरन चितवन चितचोर मन हरत
हिरन निराली आली ललनपिया तोरी छवि पर वारी जाऊँ
मुख मयङ्क मुखड़ा दुति अजब सों॥

स्थाई

X				2				0				3			
सं	—	नी	ध	प	म	ग	म	ग	सं	ग	म	प	ध	म	प
ना	ऽ	र	न	यो	रं	ग	ढं	ग	छ	ल	ब	ल	सों	न	ई
म	नी	ध	नी	ध	नी	प	ध	नी	सं	नी	सं	नी	ध	म	प
वो	दे	खो	आ	ई	आ	ली	रं	गी	ली	छ	बी	ली	छ	वि	सों

अन्तरा

0				3				X				2			
ग	म	नी	ध	नी	नी	सं	सं	नी	नी	सं	सं	नी	सं	नी	ध
नै	न	न	की	च	ल	न	फि	र	न	चि	त	व	न	चि	त
सं	—	नी	ध	प	म	ग	ग	ग	म	प	ध	नी	—	ध	प
चो	ऽ	र	म	न	ह	र	त	हि	र	न	नि	रा	ऽ	ली	ऽ
ग	म	ग	—	स	स	ग	म	प	—	नी	नी	नी	सं	नी	सं
आ	ऽ	ली	ऽ	ल	ल	न	पि	या	ऽ	तो	री	छ	वि	प	र
नीरें	सं	नी	ध	प	प	प	रें	रें	रें	—	रें	सं	नी	सं	—
वाऽ	ऽ	री	जा	ऽ	ऊँ	मु	ख	म	य	ऽ	ङ्क	मु	ख	ड़ा	ऽ
नी	सं	नी	ध	प	ध,	म	प	सं	—	नी	ध	प	म	ग	म
दु	ति	अ	ज	ब	सों,	न	ई	ना	ऽ	र	न	यो	रं	ग	ढं

श्याम-मुरली

राग खमाज-(ठुमरी) -ताल त्रिताल

काव्यनिर्मिति एवं सङ्गीतनिर्मिति : पं. बिन्दा दीन

सौजन्य : पं. भोला नाथ भट्ट (इलाहाबाद)

आवत श्याम लचक चले मुकुट धरे
मुरली ऐसी बाजी सब के मन को हरे ।
उझकत झिझके झूम झूम चालत
मध मतवारो नैन बिन्दा कहत सखी मन वारे डारे ॥

स्थाई

X				2				0				3			
सं	–	सं	नी	ध	प	म	ग	स	ग	म	प	ध	ग	ग	म
श्या	ऽ	म	ल	च	क	च	ले	मु	कु	ट	ध	रे	मु	र	ली
म	नी	ध	नी	ध	नी	प	ध	नी	सं	नी	रें	सं	म	प	प
ऐ	ऽ	सी	बा	जी	स	ब	के	म	न	को	ह	रे	आ	व	त

अन्तरा

2				0				3				X			
ग	म	ध	नी	सं	नी	सं	–	प	नी	सं	रें	सं	–	नी	ध
उ	झ	क	त	झि	झ	के	ऽ	झू	म	झू	म	चा	ऽ	ल	त
ग	म	प	ध	म	–	ग	ग	–	ग	स	–	ग	म	प	प
म	ध	म	त	वा	ऽ	रो	नै	ऽ	न	बि	ऽ	न्दा	क	ह	त
प	रें	सं	रें	नी	सं	नी	सं	सं	म	प	प	सं	–	सं	नी
स	खी	म	न	वा	ऽ	रे	डा	रे	आ	व	त	श्या	ऽ	म	ल

नटखट

राग वृन्दावनीसारङ्ग - (ठुमरी)–ताल त्रिताल

सौजन्य : गुरु रामप्रसाद पण्डा (दतिया)

आज मोरी बहियाँ दई मरोर, ना देखो ऐसो नटखट।
करत बाराजोरी मोसें वो तो दध की मटुकी दई फोड़॥
सुन री सखी मेरी इतनी विथा, पिया सो कहियो
सारी मोरी चुडियाँ दई फोड़।
एक मोहे घेर लियो कुंजन में दूजे मोंसें करत सुघर बरजोरी॥

स्थाई

0				3				X				२			
सं	नी̱	प	म	रे	स	ऩी	स	रे	–	–	–	रे,	सं	नी	रें
मो	री	ब	हि	याँ	द	ई	म	रो	ऽ	ऽ	ऽ	र,	आ	ऽ	ज
सं	नी̱	प	म	रे	स	ऩी	स	रे–	–,	रे	म	म	प	प	प
मो	री	ब	हि	याँ	द	ई	म	रोर	ऽ,	ना	दे	खो	ए	सो	न
प	प	प	नी̱	नी̱	प	नी̱	प	म	रे	स	रे	नी̱	स	रें	मं
ट	ख	ट	क	र	त	बा	रा	जो	री	मों	सें	वो	तो	द	ध
रें	सं	रें	नी	सं	सं	प	नी̱	सं	रें	सं	–	–,	सं	नी	रें
की	म	टु	की	द	ई	फो	ऽ	ऽ	ऽ	ड़	ऽ	ऽ,	आ	ऽ	ज

अन्तरा

0				3				X				२			
नी	नी	प	म	रे	–	स	स	ऩी	स	ऩी	स	रे	म	–	म
सु	न	री	स	खी	ऽ	मे	री	इ	त	नी	वि	था	ऽ	ऽ	पि
प	नी	प	म	रे	रे	स	–	म	म	म	म	प	प	प	–
या	ऽ	सों	ऽ	क	हि	यो	ऽ	सा	री	मो	री	चु	ड़ि	याँ	ऽ
म	प	नी	नी	प	नी	नी	प	म	रे	स	–	प	प	प	प
द	ई	फो	ऽ	ऽ	ऽ	ऽ	ऽ	ऽ	ऽ	ड़	ऽ	ए	क	मो	हे
नी	–	सं	सं	रें	मं	रें	सं	रें	नी	सं	–	म	म	प	प
घे	ऽ	र	लि	यो	ऽ	कुं	ऽ	ज	न	में	ऽ	दू	जे	मों	सें
नी	सं	रें	सं	रें	नी	सं	सं	प	नी	सं	रें	सं,	सं	नी	रें
क	र	त	सु	घ	र	ब	र	जो	ऽ	ऽ	ऽ	री,	आ	ऽ	ज

श्याम

ठुमरी-ताल झपताल

काव्यनिर्मिति एवं सङ्गीतनिर्मिति : पं. बिन्दा दीन

मेरी सुनो श्याम छेड़ो अचरवा।
कहा मानले श्याम मै तेरी चेरी ॥
जाने न दे मैंको ढीट लँगरवा
बिन्दा कहत आज मोहे श्याम घेरी ॥

स्थाई

X		2			0		3		
नी	–	सं	–	रें	नी	सं	नी	म	प
मे	ऽ	री	ऽ	सु	नो	ऽ	श्या	ऽ	म
ग	–	ग	–	म	रे	रे	स	–	–
छे	ऽ	ड़ो	ऽ	अ	च	र	वा	ऽ	ऽ
स	स	म	–	म	म	प	ग	–	म
क	हा	मा	ऽ	न	ले	ऽ	श्या	ऽ	म
नी	–	ध	–	ध	नी	–	सं	–	–
मैं	ऽ	ते	ऽ	री	चे	ऽ	री	ऽ	ऽ

अन्तरा

X		2			0		3		
म	प	नी	प	–	नी	–	सं	–	–
जा	ने	न	दे	ऽ	मै	ऽ	को	ऽ	ऽ
नी	सं	नीसं	रें	सं	नी	सं	नी	–	प
ढी	ऽ	टऽ	ऽ	लँ	ग	र	वा	ऽ	ऽ
गं	–	गं	–	मं	रें	रें	सं	–	सं
बि	ऽ	न्दा	ऽ	क	ह	त	आ	–	ज
नी	सं	नीसं	रें	सं	नी	सं	नी	म	प
मो	हे	श्याऽ	ऽ	म	घे	ऽ	री	ऽ	ऽ

कान्हा

राग खमाज - ठुमरी - ताल एकताल

सौजन्य : श्री ठाकुर दास (खुर्जा)

देखो कान्हा बोलो न हम सन।
काहे तुम नित-नित छेड़ करत हो
बारा जोरी करे मग रोको कान्हा बोलो न हम सन ॥
नैक न मानत काहू की तुम मोहन
पनघट छाँड़ो हटो जावो कान्हा बोलो न हम सन ॥

स्थाई

X		0		2		0		3		4	
नी	सं	नी	सं	–	नी	ध	सं	नी	ध	प	ध
दे	खो	का	न्हा	ऽ	बो	लो	न	ह	म	स	न
प	म	ग	ग	ग	ग	ग	म	रे	ग	रे	म
का	हे	तु	म	नि	त	नि	त	छे	ऽ	ड़	क
ग	रे	स	–	स	स	ग	म	प	ध	नी	सं
र	त	हो	ऽ	बा	रा	जो	री	क	रे	म	ग
नी	सं	नी	सं	–	नी	ध	सं	नी	ध	प	ध
रो	को	का	न्हा	ऽ	बो	लो	न	ह	म	स	न

अन्तरा

X		0		2		0		3		4	
ग	म	नी	ध	नी	नी	सं	सं	प	नी	सं	रें
नै	ऽ	क	न	मा	न	त	का	हू	की	तु	म
सं	नी	ध	ध	गं	रें	गं	मं	गं	रें	नी	सं
मो	ऽ	ह	न	प	न	घ	ट	छाँ	ड़ो	ह	टो
प	सं	नी	सं	–	नी	ध	सं	नी	ध	प	ध
जा	वो	का	न्हा	ऽ	बो	लो	न	ह	म	स	न

श्यामसुन्दर

राग खमाज - ठुमरी - ताल झपताल

सौजन्य : श्री रामचन्द्र सप्तर्षि (ग्वालियर)

देखो री न माने श्याम।
बीच डगर मोरी, बइयाँ पकड़ लीनी ॥
चुरियाँ करक गईं, बँगरी मुरक गई।
ऐसे निठुर श्याम से, मोहे परो है काम ॥

स्थाई

X		2			0		3		
ग	स	ग	म	प	ग	म	गरे	म	स
दे	खो	री	ऽ	न	मा	ने	श्याऽ	ऽ	म
रे	–	म	–	प	नी	नी	सं	–	सं
बी	ऽ	च	ऽ	ड	ग	र	मो	ऽ	री
प	नी	सं	–	रें	नी	ध	पम	गरे	रे
ब	इ	याँ	ऽ	प	क	ड़	लीऽ	ऽऽ	नी

अन्तरा

X		2			0		3		
म	प	नी	प	नी	सं	नी	सं	–	सं
चु	रि	याँ	ऽ	क	र	क	ग	ऽ	ई
प	नी	सं	–	रें	नी	सं	नी	ध	प
बँ	ग	री	ऽ	मु	र	क	ग	ई	ऽ
रे	–	म	–	प	नी	नी	सं	–	सं
ऐ	ऽ	से	ऽ	नि	ठु	र	श्या	ऽ	म
सं	–	प	नी	सं	रें	नी	धप	मग	रे
से	ऽ	मो	हे	प	रो	है	काऽ	ऽऽ	म

सजनवा

राग शहाना - ठुमरी - ताल त्रिताल

काव्यनिर्मिति एवं सङ्गीतनिर्मिति : पं. बिन्दा दीन

सौजन्य : उस्ताद ज़मीरुद्दीन खाँ (कलकत्ता)

जाने दे मैका सुनो सजनवा।
काहे करत तुम नित उठ हम सन रार
नाहीं – नाहीं मानूँगी तोरी मैं।
छेर करत नहीं माने, बरजोरी करे गहलीनी
बिन्दा कहूँ क्या मैं नित उठ हम संग रार
नाहीं-नाहीं मानूँगी तोरी मैं ॥

स्थाई

0				3				X				2			
–	म	म	म	प	–	प	–	ध	प	–	ध	प	म	रे	स
ऽ	जा	ने	दे	मैं	ऽ	का	ऽ	सु	नो	ऽ	स	ज	न	वा	ऽ
स	म	म	म	म	प	ग	म	प	रें	सं	रें	सं	ध	नी	सं
का	ऽ	हे	क	र	त	तु	म	नि	त	उ	ठ	ह	म	स	न
नी	ध	नी	सं	प	ध	नी	सं	नी	प	म	प	ग	म	रे	स
रा	ऽ	ऽ	र	ना	हीं	ना	हीं	मा	नूँ	गी	तो	री	मैं	अ	ब

अन्तरा

3				X				2				०			
म	प	नीप	नी	सं	सं	सं	सं	नीसं	रेंसं	नीसं	रेंसं	नी	ध	नी	प
छे	ऽ	रऽ	क	र	त	न	हीं	माऽ	ऽऽ	ऽऽ	ऽऽ	ने	ऽ	ऽ	ऽ
म	प	नी	सं	रें	गं	मं	रें	रें	सं	–	सं	म	–	म	म
ब	र	जो	री	क	रे	ऽ	ग	ह	ली	ऽ	नी	बि	ऽ	न्दा	क
म	प	–	प	प	रें	सं	रें	सं	ध	नी	सं	नी	ध	नी	प
हूँ	क्या	ऽ	मैं	नि	त	उ	ठ	ह	म	सं	ग	रा	ऽ	ऽ	र
प	ध	नी	सं	नी	प	म	प	ग	म	रे	स	–	म	म	म
ना	हीं	ना	हीं	मा	नूँ	गी	तो	री	मैं	अ	ब	ऽ	जा	ने	दे

मुरली

राग खमाज - ठुमरी - ताल त्रिताल

काव्यनिर्मिति एवं सङ्गीतनिर्मिति : पं. बिन्दा द्वीन

सौजन्य : पं. भोलानाथ भट्ट (इलाहाबाद)

आवत श्याम लचक चले मुकुट धरे ।
मुरली ऐसी बाजी सब के मन को हरे ॥
उझकत झिझके झूम झुक चलत ।
मधमतबारे नैन, बिन्दा कहत सखी मन वारे डारे ॥

स्थाई

3				X				2				o			
सं	म	प	प	सं	–	सं	नी	ध	प	म	ग	स	ग	म	प
रे	आ	व	त	श्या	ऽ	म	ल	च	क	च	ले	मु	कु	ट	ध
ध	ग	ग	म	म	नी	ध	नी	ध	नी	प	ध	नी	सं	नी	रें
रे	मु	र	ली	ऐ	ऽ	सी	बा	जी	स	ब	के	म	न	को	ह

अन्तरा

2				0				3				X			
ग	म	ध	नी	सं	नी	सं	–	प	नी	सं	रें	सं	–	नी	ध
उ	झ	क	त	झि	झ	के	ऽ	झू	म	झु	क	च	ऽ	ल	त
ग	म	प	ध	म	–	ग	ग	–	ग	स	–	ग	म	प	प
म	ध	म	त	वा	ऽ	रे	नै	ऽ	न	बि	ऽ	न्दा	क	ह	त
प	रें	स	रें	नी	सं	नी	सं	सं,	म	प	प	सं	–	सं	नी
स	खी	म	न	वा	ऽ	रे	डा	रे,	आ	व	त	श्या	ऽ	म	ल

SECTION VII

विविध-राग-तरङ्गिणी

Vividha-Rāga-Taraṅgiṇī

कुलश्रेष्ठकुले कमलेशकला

छन्दः : त्रोटकम्

राग दुर्गा – ताल कहरवा

काव्यनिर्मितिः डॉ० नोदनाथमिश्रस्य

सङ्गीतनिर्मितिः डॉ० जगदीशसहायकुलश्रेष्ठस्य

हिमशैलसुता विमला सरला
वद कस्य न मोदकरी तरला
'गतिरेव सुजीवनमस्ति सखे'
नदतीति सुभाषितमिन्दुमुखी
कुलश्रेष्ठकुले कमलेशकला
तनुते खलु जह्नुसुताचरितम् ॥ 1 ॥

भवभूति - भगीरथ - तोषकरी
लहरीभिरभीष्टकृते त्वरितम्
अनुयाति पुनाति तनोति मुदम्
'नहि विघ्नभयं व्रतिनां सुधियाम्'
कुलश्रेष्ठकुले कमलेशकला
तनुते खलु जह्नुसुताचरितम् ॥ 2 ॥

हृदि भेदमलीमसभावमये
अपहृत्य तमो तनुते सुमतिम्
सहभाव - सुमानवताप्रसरैः
वसुधां परिवारमिवातनुते
कुलश्रेष्ठकुले कमलेशकला
तनुते खलु जह्नुसुताचरितम् ॥ 3 ॥

जलराशिगुणैः श्रमशक्तिकणै-
र्कृषिक्षेत्रहृदं सुहृदं सफलम्
विदधाति तमूर्जितमुद्यमिनम्
फलदा ननु कल्पलता मधुरा
कुलश्रेष्ठकुले कमलेशकला
तनुते खलु जह्नुसुताचरितम् ॥ 4 ॥

भवनाथकृपामुपलभ्य जनान्
प्रकरोति सदा शिवशान्तियुतान्
हरतीति शुचं कलुषं यदि सा
ननु कस्य न मोदकरी सुखदा
प्रणमामि सदा कमलेशकलाम्
सुखदां शुभदां कुलश्रेष्ठवराम् ॥ 5 ॥

■ नोदनाथ मिश्रः

कुलश्रेष्ठकुले कमलेशकला*

छन्दः : त्रोटकम्

राग दुर्गा - ताल कहरवा

काव्यनिर्मितिः – डॉ. नोदनाथ मिश्रः

सङ्गीतनिर्मितिः - डॉ. जगदीश सहाय कुलश्रेष्ठः

स्थाई

X				2				X				2		म	प
														हि	म
ध	—	ध	ध	ध	—	म	म	प	—	प	प	प	—	ध	[illegible]
शै	ऽ	ल	सु	ता	ऽ	वि	म	ला	ऽ	स	र	ला	ऽ	व	द
सं	—	सं	सं	ध	—	म	म	रे	—	ध़	रे	स	—	ध	ध
क	ऽ	स्य	न	मो	ऽ	द	क	री	ऽ	तं	र	ला	ऽ	ग	ति
म	—	म	म	प	—	ध	ध	सं	—	ध	रें	सं	—	रें	रें
रे	ऽ	व	सु	जी	ऽ	व	न	म	ऽ	स्ति	स	खे	ऽ	न	द
सं	—	सं	सं	ध	—	म	म	रे	—	ध़	रे	स	—	म	प
ती	ऽ	ति	सु	भा	ऽ	षि	त	मि	ऽ	न्दु	मु	खी	ऽ	कु	ल
ध	—	ध	ध	ध	—	म	म	प	—	प	प	प	—	ध	रें
श्रे	ऽ	ष्ठ	कु	ले	ऽ	क	म	ले	ऽ	श	क	ला	ऽ	त	नु
गं	—	सं	सं	ध	—	म	म	रे	—	ध़	रे	स	—,	म	प
तं	ऽ	ख	लु	ज	ऽ	ह्व	सु	ता	ऽ	च	रि	तम्	ऽ,	कु	ल

* The maiden recital of this song was presented at the ceremonial release of Saṁskṛta-Saṅgīta-Vaijayantī (Smt. Kamlesh Kumari Kulshreshtha Commemoration Volume) held at India International Centre on 23.11.1991.

X				2				X				2		ध्र	स
														भ	व
रे	—	रे	रे	रे	—	ध्र	ध्र	स	—	स	स	स	—	स	रे
भू	ऽ	ति	भ	गी	ऽ	र	थ	तो	ऽ	ष	क	री	ऽ	ल	ह
सरे	म	म	म	म	—	रे	म	रेम	प	प	प	प	—	म	प
रीऽ	ऽ	भि	र	भी	ऽ	ष्ट	कृ	तेऽ	ऽ	त्व	रि	तम्	ऽ	अ	नु
मप	ध	ध	ध	ध	—	ध	ध	पध	सं	सं	सं	सं	—	ध	रें
याऽ	ऽ	ति	पु	ना	ऽ	ति	त	नोऽ	ऽ	ति	मु	दम्	ऽ	न	हि
सं	—	सं	सं	ध	—	म	म	रे	—	ध्र	रे	स	—	म	प
वि	ऽ	घ्न	भ	यं	ऽ	व्र	ति	नां	ऽ	सु	धि	याम्	ऽ	कु	ल
ध	—	ध	ध	ध	—	म	म	प	—	प	प	प	—	ध	रें
श्रे	ऽ	ष्ठ	कु	ले	ऽ	क	म	ले	ऽ	श	क	ला	ऽ	त	नु
सं	—	सं	सं	ध	—	म	म	रे	—	ध्र	रे	स	—,	म	प
ते	ऽ	ख	लु	ज	ऽ	ह्व	सु	ता	ऽ	च	रि	तम्	ऽ,	कु	ल

Direction : The third and the fifth verse should be sung like the first verse and the fourth verse like the second verse of this song.

Date of composition : 21.11.1991

Delhi

सुखमय प्रभात

राग भूपाली - ताल शंख (मात्रा 13)

काव्यनिर्मिति : श्री जियालाल कुलश्रेष्ठ (झाँसी)

सङ्गीतनिर्मिति : डॉ० जगदीश सहाय कुलश्रेष्ठ (दिल्ली)

आये मेरे हृदयधन
पुलकित भयो तन मुदित मन।
बीती अनिमिष कठिन निशा
सुखमय प्रभात चतुर दिश
आयो मम हित विभव वन॥

स्थाई

X				2				0			2	
स	ध़	स	रे	प	–	ग	–	ध	प	ग	रे	स
आ	ऽ	ये	ऽ	मे	ऽ	रे	ऽ	हृ	द	य	ध	न
सं	ध	सं	सं	प	ग	प	प	सं	प	ध	ग	प
पु	ल	कि	त	भ	यो	त	न	मु	दि	त	म	न

अन्तरा

X				2				0			2	
ग	–	ग	–	प	प	ध	प	सं	सं	ध	रें	सं
बी	ऽ	ती	ऽ	अ	नि	मि	ष	क	ठि	न	नि	श
सं	सं	गं	गं	गं	सं	–	रें	ध	ध	सं	प	ध
सु	ख	म	य	प्र	भा	ऽ	त	च	तु	र	दि	श
सं	रें	सं	–	प	ध	प	प	सं	धसं	धप	गरे	स-
आ	ऽ	यो	ऽ	म	म	हि	त	वि	भऽ	वऽ	वऽ	नऽ

तराना

राग सोहनी - ताल त्रिताल

सौजन्य : प्रो. ध्रुवतारा जोशी (शान्तिनिकेतन)

दीम तनन दिर दिर ता नूम तदेरेना तन देरे ना देरेना देरे देरे तन देरेना ।
तारे दानी तदारे तारे दानी दीम तन नन नन दिर दिर दिर दिर दिर दिर दानी ।
ना दिर दिर तना नानाना तुं दिर दिर ता नाना नाना, तदीम दीम तनन,
तदीम दीम तनन, तदीम दीम तनन, तकिट धकिट तक थुं थुं नाना,
किटता गदगन धा के ति ट ता गदगिन धा क टा त का गदीगिन ॥

स्थाई

0				3				X				2			
सं	–	रें॒	सं	नी	म॑	ध	–	सं	–	नी	ध	नी	ध	म	ग
दीम	ऽ	त	न	न	दिर	दिर	ऽ	ता	ऽ	नूम	ऽ	त	दे	रे	ना
ग	मं	ग	रे॒	स	–	ऩी	स	ग	रे॒	ग	म॑	ग	म॑	ग	रे॒
त	न	दे	रे	ना	ऽ	दे	रे	ना	दे	रे	दे	रे	त	न	दे
स	स	ग	मं	ध	नी	सं	सं	–	सं	सं	नी	ध	नी	ध	–
रे	ना	ता	रे	दा	नी	त	दा	ऽ	रे	ता	रे	दा	ऽ	नी	ऽ
गं	–	मं	गं	रें॒	सं	नी	ध	सं	नी	ध	म॑	ग	रे॒	स	–
दीम	ऽ	त	न	न	न	न	दिर	दिर	दिर	दिर	दिर	दिर	दा	नी	ऽ

अन्तरा

X				2				0				3			
ग	म	ग	ग	म	म	ध	ध	नी	सं	सं	सं	रें	रें	सं	सं
ना	दिर	दिर	त	ना	ना	ना	ना	तुं	दिर	दिर	ता	ना	ना	ना	ना
सं	गं	–	मं	गं	रें	सं	नी	ध	सं	–	नी	–	ध	म	ग
ता	दीम	ऽ	दीम	ऽ	त	न	न	ता	दीम	ऽ	दीम	ऽ	त	न	न
ग	म	–	ग	–	रे	स	स	गग	गग	गग	मम	ग	रे	स	स
ता	दीम	ऽ	दीम	ऽ	त	न	न	तकि	टध	किट	तक	थुं	थुं	ना	ना
सं	नी	सं	नी	सं	नी	म	ध	सं	नी	सं	सं	सं	नी	सं	नी
किट	ता	गद	गन	धा	के	ति	ट	ता	गद	गिन	धा	क	टा	ऽ	त
ध	नी	ध	म	ध	ग	म	ग	सं	–	रेंसं	सं	नी	म	ध	–
का	ऽ	ग	दी	ऽ	गि	ऽ	न	दीम	ऽ	त	न	न	दिर	दिर	ऽ

उत्कण्ठा

राग जोगकौंस -ताल त्रिताल

सौजन्य : पं. नारायण लक्ष्मण गुणे (ग्वालियर)

बहुत दिन बीते अजहूँ न आये।
तड़पत हूँ बिन देखे तोकों
कल न परत जिया धड़के॥

स्थाई

3				X				२				0			
ध	प	–	म	प	–	–	–	म	–	स	ग	ग	स	–	ग
हु	त	ऽ	दि	न	ऽ	ऽ	ऽ	ऽ	ऽ	बी	ऽ	ते	ऽ	ऽ	अ
म	धनी	सं	नी	सं	–	–	–	नी	–	ध	–	प	–	–,	प
ज	हूँऽ	ऽ	न	आ	ऽ	ऽ	ऽ	ऽ	ऽ	ऽ	ऽ	ये	ऽ	ऽ,	ब

अन्तरा

3				X				2				0			
गम	धनी	सं	नी	सं	–	–	नी	सं	सं	गं	सं	नी	–	ध	ध
तड़	पऽ	ऽ	त	हूँ	ऽ	ऽ	बि	न	दे	ऽ	खे	तो	ऽ	को	क
नी	सं	गं	सं	मं	–	मं	–	सं	गं	सं	–	नी	ध	प,	प
ल	न	ऽ	प	र	ऽ	त	ऽ	जि	ऽ	या	ऽ	ध	ड़	के,	ब

विरहिणी

राग यमन-ताल एकताल

काव्यनिर्मिति एवं सङ्गीतनिर्मिति : पं. गोविन्द नारायण नाटू (लक्ष्मणपुर)

सौजन्य : श्री गोपाल नारायण नाटू (ग़ाज़ियाबाद)

साँझ भई मुदित भये, जग नभ के तारे।
गिनत-गिनत पथर गये, नयनवा तिहारे॥
मन आतुर दिवस रात, बाट जोहत जुग से जात।
कौन कहे कब आवें, पीतम वो प्यारे॥

स्थाई

X		0		2		0		3		4	
स	–	रे	ग	स	–	ऩी	ध़	ऩी	ध़	प़	–
साँ	ऽ	झ	भ	ई	ऽ	मु	दि	त	भ	ये	ऽ
स	स	ग	रे	ग	–	गम॑	पम॑	गम॑	पम॑	ग	रे
ज	ग	न	भ	के	ऽ	ताऽ	ऽऽ	ऽऽ	ऽऽ	रे	ऽ
ग	म॑	ग	प	प	प	प	प	ध	नी	प	–
गि	न	त	गि	न	त	प	थ	र	ग	ये	ऽ
रे	ग	रे	स	–	रे	प	–	धनी	संनी	धप	म॑प
न	य	न	वा	ऽ	ति	हा	ऽ	ऽऽ	ऽऽ	रेऽ	ऽऽ

अन्तरा

X		0		2		0		3		4	
प	ग	म॑	–	ध	ध	सं	सं	सं	सं	–	सं
म	न	आ	ऽ	तु	र	दि	व	स	रा	ऽ	त
सं	–	रें	गं	सं	सं	नी	ध	नी	ध	प	प
बा	ऽ	ट	जो	ह	त	जु	ग	से	जा	ऽ	त
प	नी	ध	नी	प	–	म॑	ग	म॑	ध	प	–
कौ	ऽ	न	क	हे	ऽ	क	ब	आ	ऽ	वें	ऽ
रे	ग	रे	स	प	–	म॑प	धनी	संरें	संनी	धप	म॑प
पी	ऽ	त	म	वो	ऽ	प्याऽ	ऽऽ	ऽऽ	ऽऽ	रेऽ	ऽऽ

भवसागर

राग बिहाग - ताल झपताल

सौजन्य : उस्ताद रज्जब अली खाँ (देवास)

राखो लाज मोरी, या पीर मोरी।
बीच भँवर मोरी नैया फँसी है॥
मुरवत पिया तोसे बिनती यही है।
इतनी अरज मोरी मानले सैंयाँ॥

स्थाई

X		2			0		3		
प	–	ग	–	म	ग	रे	स	ऩी	स
राऩ		खो	ऽ	ला	ऽ	ज	मो	ऽ	री
प़	–	ऩी	–	स	रे	–	स	–	–
यां	ऽ	पी	ऽ	र	मो	ऽ	री	ऽ	ऽ
स	–	ग	–	म	प	प	नी	–	नी
बी	ऽ	च	ऽ	भँ	व	र	मो	ऽ	री
सं	–	नी	–	प	प	–	म	ग	–
नै	ऽ	या	ऽ	फँ	सी	ऽ	है	ऽ	ऽ

अन्तरा

X		2			0		3		
प	प	नी	नी	नीं	सं	–	सं	–	सं
मुँ	र	व	त	पि	या	ऽ	तो	ऽ	सें
नी	सं	नीसं	रें	सं	नी	धप	प	ध	नी
बि	न	तीऽ	ऽ	य	ही	ऽऽ	है	ऽ	ऽ
ग	ग	ग	–	म	प	प	नी	–	नी
इ	त	नी	ऽ	अ	र	ज	मो	ऽ	री
धनी	सं	नीध	नी	प	प	–	म	ग	–
माऽ	ऽ	नऽ	ऽ	ले	सैं	ऽ	याँ	ऽ	ऽ

शरणागति

राग आभोगी-ताल त्रिताल

काव्यनिर्मिति एवं सौजन्य : उस्ताद अमान अली खाँ

तू एक साचा साहेब मेरा
मैं नित बंदा तेरा।
जगत जीव सब तेरा पसारा
तू ही 'अमर' जन का सहारा ॥

स्थाई

0				3				X				2			
ग	म	रे	स	रे	ध़	स	रे	ग	म	रे	स	रे	ध़	स	—
तू	ऽ	ए	क	सा	ऽ	चा	ऽ	सा	ऽ	हे	ब	मे	ऽ	रा	ऽ
म	–	सं	ध	सं	–	सं	–	धसं	रेंगं	रेंसं	धम	ग	–	स	रे
मै	ऽ	नि	त	बं	ऽ	दा	ऽ	तेऽ	ऽऽ	ऽऽ	ऽऽ	रा	ऽ	ऽ	ऽ

अन्तरा

0				3				X				2			
म	सं	ध	सं	–	सं	सं	सं	ध	संरें	–	सं	ध	म	ग	रे
ज	ग	त	जी	ऽ	व	स	ब	ते	राऽ	ऽ	प	सा	ऽ	रा	ऽ
ग	म	रे	स	ध	स	म	ध	धसं	रें	–	सं	ध	म	ग	रे
तू	ऽ	ही	अ	म	र	ज	न	काऽ	ऽ	ऽ	स	हा	ऽ	रा	ऽ

गुरुगौरव

राग तिलककामोद-ताल एकताल (मध्यलय)

काव्यनिर्मिति एवं सङ्गीतनिर्मिति : उस्ताद मुश्ताक़ हुसैन खाँ (रामपुर)

सौजन्य : उस्ताद गुलाम सादिक़ खाँ (दिल्ली)

गुनियन में करले विचार, जो सीखे वाको जानिये मानिये
साचे गुरु को चेला को न जाने गुन पहचाने महाज्ञानी।
गुरु की सेवा कर गुन तब आवे, कहत मुश्ताक
इनायत की इनायत से भयो ज्ञानी ध्यानी॥

स्थाई

X		0		2		0		3		4	
प़	ऩी	स	रे	ग	स	रे	म	ग	स	–	ऩी
गु	नि	य	न	में	क	र	ले	वि	चा	ऽ	र
प़	–	ऩी	–	स	–	रे	–	ग	रे	–	म
जो	ऽ	सी	ऽ	खे	ऽ	वा	ऽ	को	जा	ऽ	नि
ग	रे	–	ग	स	–	प	–	ग	रे	ग	म
ये	मा	ऽ	नि	ये	ऽ	सा	ऽ	चे	गु	रु	को
स	रे	पम	ग	रे	ग	स	–	ऩी	प़	ऩी	स
चे	ऽ	लाऽ	ऽ	को	न	जा	ऽ	ने	गु	न	प
रे	ग	स	रे	ऩी	–	म	–	ग	रे	ग	स
ह	चा	ने	म	हा	ऽ	ऽ	ऽ	ज्ञा	ऽ	ऽ	नी

अन्तरा

X		0		2		0		3		4	
म	म	प	नी	–	नी	सं	सं	गं	रें	गं	मं
गु	रु	की	से	ऽ	वा	क	र	गु	न	त	ब
गं	रेगं	सं	–	प	सं	प	पध	म	ग	गरे	ग
आ	ऽऽ	वे	ऽ	क	ह	त	मुश	ता	ऽ	ऽऽ	ऽ
स	–	ऩी	स	रे	म	प	सं	प	–	प	ध
क	ऽ	ऽ	इ	ना	ऽ	ऽ	ऽ	ऽ	ऽ	य	त
म	ग	रे	पम	ग	रे	स	स	ऩी	–	–	स
की	ऽ	ऽ	इऽ	ना	ऽ	य	त	से	ऽ	ऽ	भ
रे	म	प	सं	प	पध	म	–	ग	रे	ग	सऩी
यो	ऽ	ऽ	ऽ	ऽ	ज्ञाऽ	नी	ऽ	ध्या	ऽ	ऽ	नीऽ

SECTION VIII

अप्रचलित-राग-कल्पलता

Apracalita-Rāga-Kalpalatā

शङ्कर

राग शिवरञ्जनी — ताल एकताल

सौजन्य : प्रो. बेनी प्रसाद श्रीवास्तव 'भाई' (इलाहाबाद)

शङ्कर महादेव को तू नाम जप गुणी जन।
सप्त सुर तीन ग्राम उनन्चास कोटि तान।
इक्कीस मूर्च्छना गावत गुणी जन॥

स्थाई

X		0		2		0		3		4	
सं	सं	ध	प	स	रे	ग̲	–	रे	सरे	–	स
श	ऽ	ङ्क	र	म	हा	दे	ऽ	व	को ऽ	ऽ	तू
ध़	स	स	रे	रे	रे	ग̲	–	–	रे	–	स
ना	ऽ	म	ज	प	गु	णी	ऽ	ऽ	जं	ऽ	न

अन्तरा

X		0		2		0		3		4	
प	ध	सं	–	–	सं	सं	संरें	–	सं	धसं	सं
स	प्त	सु	ऽ	ऽ	र	ती	नऽ	ऽ	ग्रा	ऽऽ	म
सं	ध	–	सं	रें	रें	गं̲	–	रें	सं	धसं	सं
उ	न	ऽ	ऽ	न्चा	स	को	ऽ	टि	ता	ऽऽ	न
सं	ध	प	ग̲	प	प	ध	प	रे	रे	ग̲	स
इ	क्की	ऽ	स	मू	ऽ	र्च्छ	ऽ	ना	ऽ	ऽ	ऽ
ध़	स	स	रे	–	रे	ग̲	–	–	रे	–	स
गा	ऽ	व	त	ऽ	गु	णी	ऽ	ऽ	ज	ऽ	न

श्रृङ्गार

राग कमलरञ्जनी — ताल त्रिताल

सौजन्य : पं. भोला नाथ भट्ट (इलाहाबाद)

सजन घर जाना रे
कर ले सिंगार चतुर नार।
हो मालनी हार गूँदला
पी के चरण में करूँ मैं निवास ॥

स्थाई

3				X				2				0			
मग	गस	स	स	सग	प	म	–	मनी	नीध	धप	पम	मप	पम	मग	म
जऽ	नऽ	घ	र	जाऽ	ऽ	ना	ऽ	रेऽ	ऽऽ	ऽऽ	ऽऽ	ऽऽ	ऽऽ	ऽऽ	क
ग	स	–	स	नी	–	प	ग	प	धनी	सं	सं	मनी	धप	मग	पम
र	ले	ऽ	सि	गा	ऽ	र	च	तु	ऽऽ	ऽ	र	नाऽ	ऽऽ	ऽर	सऽ

अन्तरा

3				X				2				0			
गप	धनी	सं	नी	सं	–	–	–	सं	गं	गं	मं	गं	सं	–	सं
होऽ	माऽ	ऽ	ल	नी	ऽ	ऽ	ऽ	हा	र	गूँ	द	ला	ऽ	ऽ	पी
सं	ध	नी	ध	म	प	ग	ग	संनी	नीध	धप	पम	मप	पम	भग	पम
ऽ	के	ऽ	च	र	ण	में	ऽ	कऽ	रूँऽ	मैंऽ	निऽ	वाऽ	ऽऽ	ऽस	सऽ

संदेश

राग नायकीबहार- ताल त्रिताल

काव्यनिर्मिति एवं सङ्गीतनिर्मिति : बहादुर शाह ज़फ़र 'शोखरंग' (दिल्ली)

सौजन्य : उस्ताद इक़बाल अहमद खाँ (दिल्ली)

ले जात मोरा भी संदेसा कहियो जाके मोरा भी
संदेसा कहियो जाके पिया सानू आई ऋतु बसंत
निकट कली भँवरा लिबास मोरा भी संदेसा कहियो।
कोयल बोले चंपकली शोखरंग पिया मोरा
आन मिलाओ पपिहा मोरि पिया की बतियाँ
नीकी बतियाँ पाँव पडतियाँ ले जात मोरा भी संदेसा कहियो ॥

स्थाई

X				२				०				३			
नी	नी	–	प	नी	सं	सं	(सं)	–	नी	प	–	–	ग	ग	म
ले	जा	ऽ	त	मो	रा	भी	सं	ऽ	दे	सा	ऽ	ऽ	क	हि	यो
नी	ध	नी	प	नी	सं	सं	(सं)	सं	सं	नी	ध	–	ग	ग	म
जा	ऽ	ऽ	के	मो	रा	भी	सं	ऽ	दे	सा	ऽ	ऽ	क	हि	यो
नी	ध	नी	प	म	प	सं	–	रें–	संरें	सं	नी	प	प	ग	ग
जा	ऽ	के	ऽ	पि	या	सा	ऽ	नूऽ	ऽऽ	ऽ	ऽ	ऽ	ऽ	आ	ई
ग	–	ग	म	रे	स	स	रे	स	म	प	–	म	प	धनी	सं
ऋ	ऽ	तु	ब	सं	त	नि	क	ट	क	ली	ऽ	भँ	व	राऽ	ऽ
नी	प	–	म	नी	सं	सं	(सं)	–	नी	प	–	–	ग	ग	म
लि	बा	ऽ	स	मो	रा	भी	सं	ऽ	दे	सा	ऽ	ऽ	क	हि	यो

अन्तरा

X				२				०				३			
म	मप	प	ध	नी	नी	सं	सं	नी	नीध	धनी	सं	नी	सं	नीनी	नीध
को	यल	बो	ले	चं	प	क	ली	शो	खरं	गपि	या	मो	रा	आन	मिला
नी	पप	पप	–	मप	–प	–प	पध	स	म	प	पध	नी	नीनी	धनी	सं
आ	पपि	हामो	ऽरि	पिया	ऽकी	ऽब	तियाँ	नी	की	ब	तियाँ	पाँ	वप	डति	याँ
नी	`नी	–	प	नी	सं	सं	(सं)	–	नी	प	–	–	ग	ग	म
ले	जा	ऽ	त	मो	रा	भी	सं	ऽ	दे	सा	ऽ	ऽ	क	हि	यो

प्रिय

राग सूहा - ताल त्रिताल

सौजन्य : उस्ताद मस्सू खाँ (उज्जैन)

कान्हा न सुनाई एक बात मोरी पिया की ।

धुन सुन आई आई कहाँ ते, बात करत मोरी जिया की ।।

स्थाई

0				3				X				2			
सं	रे	सं	नी	प	म	ग	रे	ग	–	–	–	–	–	–	–
न्हा	ऽ	न	ऽ	ऽ	ऽ	सु	ऽ	ना	ऽ	ऽ	ऽ	ऽ	ऽ	ऽ	ऽ
म	–	–	–	प	–	प	–	म	प	नी	नी	प	म	रे	स
ई	ऽ	ऽ	ऽ	ए	ऽ	क	ऽ	बा	ऽ	ऽ	ऽ	ऽ	ऽ	ऽ	ऽ
रे	–	स	–	म	–	प	–	नी	नी	प	म	प	–	सं	नी
ऽ	ऽ	त	ऽ	मो	ऽ	री	ऽ	पि	ऽ	या	ऽ	की	ऽ	का	ऽ

अन्तरा

X				2				0				3			
म	–	प	–	नी	–	नी	–	सं	–	–	–	सं	–	–	–
धु	ऽ	न	ऽ	सु	ऽ	न	ऽ	आ	ऽ	ऽ	ऽ	ई	ऽ	ऽ	ऽ
नी	सं	नी	सं	रें	–	सं	–	नी	–	सं	–	नी	–	प	–
आ	ऽ	ई	ऽ	ऽ	ऽ	क	ऽ	हाँ	ऽ	ऽ	ऽ	ते	ऽ	ऽ	ऽ
म	–	प	–	नी	–	सं	–	रें	–	मं	–	रें	–	सं	–
बा	ऽ	ऽ	ऽ	त	ऽ	क	ऽ	र	ऽ	त	ऽ	मो	ऽ	री	ऽ
रें	रें	सं	नी	प	–	सं	नी	सं	रें	सं	नी	प	म	ग	रे
जि	ऽ	या	ऽ	की	ऽ	का	ऽ	न्हा	ऽ	न	ऽ	ऽ	ऽ	सु	ऽ

प्रियतम

राग सुघराई-ताल त्रिताल

सौजन्य : पं. लक्ष्मण प्रसाद (जयपुर)

मोरे घर आये आज पियरवा।
अति सुख पायो मोरा जियरवा ॥
ये ऋतु वर्षा की आई हरियाली छाई।
कोयल कूके बरसे मेहरवा ॥

स्थाई

3				X				2				0			
पम	रेम	पध	मप	सं	–	–	–	सं	रें	नी	सं	नी	प	–	नीध
ऽऽ	रेऽ	घऽ	रऽ	आ	ऽ	ऽ	ऽ	ऽ	ऽ	ऽ	ऽ	ऽ	ये	ऽ	मो
पम	रेम	पध	मप	सं	–	सं	–	नी	प	धप	मप	धप	ग	म	रे
ऽऽ	रऽ	धऽ	रऽ	आ	ऽ	ये	ऽ	आ	ऽ	ऽऽ	ऽऽ	ऽऽ	ज	ऽ	पि
स	रे	स	–	रे	म	रे	म	–	म	प	प	–	ध	म	प
य	र	वा	ऽ	अ	ति	ऽ	सु	ऽ	ख	पा	ऽ	ऽ	यो	ऽ	ऽ
नी	सं	रें	नी	सं	प	संनी	सरें	संनी	मप	पनी	पम	गग	मम	रेस,	नीध
मो	ऽ	ऽ	रा	ऽ	जि	यऽ	ऽऽ	ऽऽ	रऽ	ऽऽ	ऽऽ	वाऽ	ऽऽ	ऽऽ ,	मोऽ

अन्तरा

X				3				X				3			
रे	म	नी	प	म	म	प	–	सं	–	गं	मं	रें	सं	नी	प
ये	ऽ	ऋ	तु	व	र	षा	ऽ	की	ऽ	आ	ऽ	ई	ऽ	ह	रि
नीध	पम	पध	ग	म	रे	–	प	रे	म	रे	म	–	म	प	प
याऽ	ऽऽ	ऽऽ	ली	ऽ	छा	ऽ	ई	को	ऽ	ऽ	य	ऽ	ल	कू	ऽ
प	ध	म	प	नी	सं	रें	नीसं	पनी	प	संनी	सरें	संनी	पम	पनी	पम
ऽ	के	ऽ	ऽ	ब	र	से	ऽऽ	मे	ऽ	ऽ	य	ऽऽ	रऽ	ऽऽ	ऽऽ
गग	मम	रेसा,	नीध	पम	रेम	पध	मप	सं	–	–	–	सं	रें	नी	सं
वाऽ	ऽऽ	ऽऽ,	मोऽ	ऽऽ	रेऽ	घऽ	रऽ	आ	ऽ	ऽ	ऽ	ऽ	ऽ	ऽ	ऽ

उपालम्भ-गीति

राग बिहागड़ा - ताल त्रिताल

सङ्गीत-निर्मिति : पं. श्रीकृष्ण नारायण रातांजनकर (लक्ष्मणपुर)
सौजन्य : प्रो. सुमति मुटाटकर (दिल्ली)

नित करत रार तुम हम सों लँगर
अब कहालों सहूँ इत जाय कहूँ
निठुराई ढ़िटाई तेहारी छेड़ोना। नित......

वे तो गाँव की लुगैयाँ हँस हँस
ठठोरि करत तोको लाज न आवत
बार-बार या रीत छेड़ोना। नित.....

स्थाई

0				3				X				2		प	प
														नि	त
ग	म	ग	स	—	रे	ऩी	स	ग	म	धप	ध	नीध	प	ग	म
क	र	त	रा	ऽ	र	तु	म	ह	म	सोंऽ	लँ	गऽ	र	अ	ब
प़	नी	नी	सं	नी	—	प	प	धनी	संनी	ध	प	ग	म	गरे	सऩी
क	हा	लों	स	हूं	ऽ	इ	त	जाऽ	ऽऽ	य	क	हूँ	ऽ	निऽ	ठुऽ
प़	ऩी	स	रे	ऩी	स	ग	म	प	—	प	ध	नी	ध,	प	प
रा	ऽ	ई	ढ़ि	टा	ऽ	ई	ते	हा	ऽ	री	छे	ड़ो	ना,	नि	त

अन्तरा

0				3				X				2			
ग	म	प	नी	नी	सं	—	सं	सं	—	सं	प	नी	सं	रें	सं
वे	तो	गाँ	ऽ	व	की	ऽ	लु	गैं	ऽ	याँ	हँ	स	हँ	स	ठ
नी	—	प	ध	नी̱	ध	प	प	गम	प	ग	म	ग	—	स	स
ठो	ऽ	रि	क	र	त	तो	को	लाऽ	ऽ	ज	न	आ	ऽ	व	त
ऩी	—	प़	ऩी	स	स	म	ग	प	—	प	ध	नी̱	ध,	प	प
बा	ऽ	र	बा	ऽ	र	या	ऽ	री	ऽ	त	छे	ड़ो	ना,	नि	त

श्याम-वंशी

राग सरस्वती-ताल त्रिताल

काव्यनिर्मिति एवं सङ्गीतनिर्मिति : पं. बालाभाउ उमडेकर (ग्वालियर)

जागे मेरे भाग घर मोरे आये
हमरे लाला कुँवर कन्हैया। जागे....
हाथ लकरिया काँधे कमरिया
वंशी बजावत कुँवर कन्हैया ॥ जागे.....

स्थाई

3				X				2				0			
म॑	प	—	म॑	प	—	—	प	रे	म॑	प	प	रे	—	स	—
गे	मे	ऽ	रे	भा	ऽ	ऽ	ग	घ	र	मो	रे	आ	ऽ	ये	ऽ
ध़	स	ध़स	रे	ऩी	—	ध़	प़	स	रे	म॑	प	नी	ध	प,	रे
ह	म	रेऽ	ऽ	ला	ऽ	ला	ऽ	कुँ	व	र	क	न्है	ऽ	या,	जा

अन्तरा

3				X				2				0			
प	ध	प	प	सं	—	सं	—	—	—	ध	सं	सं	—	—	ध
हा	ऽ	थ	ल	क	ऽ	री	ऽ	ऽ	ऽ	ऽ	ऽ	या	ऽ	ऽ	काँ
सं	धंस	रें	सं	नी	—	—	—	ध	नी	धनी	संनी	ध	—	प	नी
ऽ	धेऽ	ऽ	क	म	ऽ	ऽ	ऽ	ऽ	ऽ	ऽऽ	ऽऽ	री	ऽ	या	वं
ध	म॑	—	म॑	प	—	—	—	प	ध	पध	सं	नी	ध	प	प
ऽ	शी	ऽ	व	आ	ऽ	ऽ	ऽ	ऽ	ऽ	ऽऽ	ऽ	व	ऽ	त	कुँ
ध	म॑	—	म॑	प	—	—	—	रे	म॑	प	—	रे	—	स,	रे
व	र	ऽ	क	न्है	ऽ	ऽ	ऽ	ऽ	ऽ	ऽ	ऽ	ऽ	ऽ	या,	जा

ज़गद्गति

राग शिवमत भैरव - ताल त्रिताल

काव्यनिर्मिति एवं सङ्गीतनिर्मिति : उस्ताद अमान अली खाँ (बम्बई)

सौजन्य : सुहासिनी कोरटकर (दिल्ली)

तू मनुवा भेद विचार रे।
या जग काऊ बैरन काऊ सजन
तामस रज सब अनुसार रे।
धन संसार लोभ नर नारन
मित्र कुटुम्ब झूठो सब कारन
रुप अनूप अमर बिरथा सब
निरखत कौन तुहार रे ॥

स्थाई

0				3				X				2		स	रे̲ग
														तू	ऽऽ
रे̲	रे̲	स	—	म	—	प	प	ध̲	—	—	ध̲	प	—	प	ध̲नी
म	नु	वा	ऽ	भे	ऽ	द	वि	चा	ऽ	ऽ	र	रे	ऽ	या	ऽऽ
ध̲	ध̲	प	प	ध̲	—	म	म	प	—	ग	म	रे̲	स	स	रे̲ग̲
ज	ग	का	ऊ	बै	ऽ	र	न	का	ऽ	ऊ	स	ज	न	ता	ऽऽ
रे̲	रे̲	स	स	सं	नी	सं	प	ध̲	म	ग	म	रे̲	स,	स	रे̲ग̲
म	स	र	ज	स	ब	अ	नु	सा	ऽ	ऽ	र	रे	ऽ,	तू	ऽऽ

अन्तरा

0				3				X				2			
म	म	प	—	ध	—	ध	ध	सं	सं	सं	सं	सं	नी	रें	सं
ध	न	सं	ऽ	सा	ऽ	र	लो	ऽ	भ	न	र	ना	ऽ	र	न
ध	—	ध	ध	सं	—	सं	सं	सं	रेंगं	रें	सं	नी	सं	ध	प
मि	ऽ	त्र	कु	टु	ऽ	म्ब	झू	ठो	ऽऽ	स	ब	का	ऽ	र	न
प	धनी	ध	प	ध	—	म	म	प	ग	मप	गम	रे	—	स	स
रु	ऽऽ	प	अ	नू	ऽ	प	अ	म	र	बिऽ	रऽ	था	ऽ	स	ब
स	स	रे	स	सं	नी	सं	प	ध	म	ग	म	रे	स,	स	रेग
नि	र	ख	त	कौ	ऽ	न	तु	हा	ऽ	ऽ	र	रे	ऽ,	तू	ऽऽ

कौल

राग सनमगनम - ताल कहरवा

रागनिर्मिति : अमीर खुसरो

सौजन्य : उस्ताद इक़बाल अहमद खाँ (दिल्ली)

मन कुन्तौ मौला फाली अली मौला
आए दारा दिल दारा दिल दिर दानी।
हम तोम तना नन नन नन रे याला लीय
लाली यल यला लेय ला लाला यला लालाय यलाला रे ॥

स्थाई

X				2				X				2			
ध	–	प	–	ग	रे	ग	म	ग	–	–	–	गग	रेस	रेग	प–
कु	ऽ	ऽ	ऽ	न्तो	ऽ	मौ	ऽ	ला	ऽ	ऽ	ऽ	ऽऽ	ऽऽ	ऽऽ	ऽऽ
प	प	ग	रे	स	ध़	स	रे	ग	–	–	–	–	–	ग-	गप
फा	ऽ	ली	अ	ली	ऽ	मौ	ऽ	ला	ऽ	ऽ	ऽ	ऽ	ऽ	आऽ	येऽ
प	प	ग	रे	रे	रे	ग	स	स	ध़	स	रे	ग	–	प	म
दा	रा	दि	ल	दा	रा	दि	ल	दि	र	दा	ऽ	नी	ऽ	म	न

अन्तरा

X				2				X				2			
पप	ध-	प	सं	ध	सं	सं	सं	ध	सं	रें	गं	संध	रेंसं	धग	प
हम	तोम	ऽ	त	ना	न	न	न	न	न	न	न	रेऽ	ऽऽ	ऽऽ	ऽ
प	प	ध	–	प	प	पम	–	प	ध	–	–	प	प	प	ग
या	ला	ली	ऽ	य	ला	लीऽ	ऽ	य	ल	ऽ	ऽ	य	ल	ले	ऽ
ग	ग	ग	ग	ग	रे	ग	रे	स	स	स	रे	ग	स	–	–
य	ला	ला	ला	य	ला	ला	ला	य	य	ला	ला	ला	रे	ऽ	ऽ

कलबाना

राग मैहरेकुभ (चाँदनी केदार) - ताल फ़रोदस्त,

सूलफ़ाक्ता, एकताल, चौताल, झपताल एवं त्रिताल

सौजन्य : उस्ताद इक़बाल अहमद खाँ (दिल्ली)

दीम दारा दीम दारा ओदे नित लनोम
ओदे नित तेले तन नन, तुम दिर तन तुम दिर तन तोम।
कौल रसूले अला, अनाम दिन तुल इल में वा अली उनवाव हा
तुं दिर तनन तुम दिर दिर तनन दरेआ जानेमन देरेआ
जानेमन नितनाले नितनाले तन तुम दिर तदरे दानी ॥

स्थाई

फ़रोदस्त

X		2		0		3		0		4		0	
म	म	म	म	प	प	प	प	ध	ध	म	प	ध	मम
दी	म	दा	रा	दी	म	दा	रा	ओ	दे	नि	त	ल	नोम

सूलफ़ाक्ता

X		0		2		3		0	
म	म	प	प	सं	सं	ध	ध	म	प
ओ	दे	नि	त	ते	ले	त	न	न	न
मम	पप	प	प	धप	धध	प	म	रे	स
तुम	दिर	त	न	तुम	दिर	त	न	तो	म

अन्तरा

एकताल

X		0		2		0		3		4	
प	–	ध	नी	सं	सं	रेंरेंसंनी	रेंरेंसंनी	सं	–	सं	–
कौ	ऽ	ल	ऽ	र	सू	लेऽऽऽ	ऽऽऽऽ	अ	ऽ	ला	ऽ

चौताल

X		0		2		0		3		4	
सं	ध	–	सं	सं	सं	सं	सं	सं	सं	सं	–
अ	ना	ऽ	म	दि	न	तु	ल	इ	ल	में	ऽ
सं	–	सं	सं	ध	सं	सं	–	सं	–	ध	नीप
वा	ऽ	अ	ली	उ	न	वा	–	व	ऽ	हा	ऽऽ

झपताल

X		2			0		3		
सं	संसं	ध	प	प	पप	पप	म	रे	स
तुं	दिर	त	न	न	तुम	दिर	त	न	न

त्रिताल

X				2				0				३			
सं	रें	सं	सं	ध	प	प	प	प	ध	प	प	म	रे	स	स
द	रे	आ	ऽ	जा	ने	म	न	दे	रे	आ	ऽ	जा	ने	म	न
सं	रें	सं	नी	सं	–	प	ध	प	म	प	–	प	ध	प	म
नी	त	ना	ऽ	ले	ऽ	नि	त	ना	ऽ	ले	ऽ	त	ऽ	न	ऽ
ध	नी	सं	रें	सं	नी	ध	प	प	ध	प	प	म	रे	स	स
तु	म	दि	र	न	द	रे	ऽ	दा	ऽ	ऽ	ऽ	नी	ऽ	ऽ	ऽ

तराना

राग खट - ताल झपताल

सौजन्य : प्रो. ध्रुवतारा जोशी (शान्तिनिकेतन)

दिर दिर तोम त दिर दिर तोम त, देरे ना त देरे दानी
तु दिर दानी तुं दिर दानी, ताना त देरे ना।
ता दारे ता दारे दानी, दिर दिर दानी तुं दिर दानी
ताना ना त देरे दानी, ताना ता देरे ना॥

स्थाई

X		2			0		3		
स	स	रे	–	म	प	प	ध	नी	म
दिर	दिर	तोम	ऽ	त	दिर	दिर	तोम	ऽ	त
प	ध	नी	सं	रें	नी	सं	ध	नी	प
दे	रे	ना	ऽ	त	दे	रे	दा	ऽ	नी
म	प	ग	–	म	प	ध	नी	सं	–
तुं	दिर	दा	ऽ	नी	तुं	दिर	दा	नी	ऽ
ध	नी	प	–	पनी	पम	प	ग	–	स
ता	ऽ	ना	ऽ	तऽ	देऽ	रे	ना	ऽ	ऽ

अन्तरा

X		2			0		3		
म	प	ध	नी	प	सं	सं	सं	–	सं
ता	दा	रे	ऽ	ता	दा	रे	दा	ऽ	नी
नी	नी	सं	–	रें	नी	सं	ध	नी	प
दिर	दिर	दा	ऽ	नी	तुं	दिर	दा	ऽ	नी
म	प	ग	–	म	प	ध	नी	–	सं
ता	ना	ना	ऽ	त	दे	रे	दा	ऽ	नी
ध	नी	प	–	पनी	पम	प	ग	–	स
ता	ऽ	ना	ऽ	ताऽ	देऽ	रे	ना	ऽ	ऽ

SECTION IX

सुमति-सङ्गीताभरणम्

Sumati-Saṅgītābharaṇam

श्रीगणेशस्तुतिः

राग भूपालतोड़ी - धुपद - ताल चौताल

काव्यनिर्मिति एवं सङ्गीतनिर्मिति : प्रो. सुमति मुटाटकर

नौमि त्वां श्रीगणेश प्रणवरूप मयूरेश
ऋद्धिसिद्धिबुद्धिदोऽसि नायको विनायकोऽसि।
ब्रह्माण्डकारणोऽसि अखिलजगदुद्धारणोऽसि
दुरितविघ्नविनाशनोऽसि विनतभक्तजनावनोऽसि ॥
लम्बोदर एकरदन गौरीसुत हरनन्दन -
सिन्दूरित रक्तवसन पूजितसुरनरमुनिजन।
नादज्योतिलयलीन करुणापूरितलोचन
जगवन्दन ध्याये त्वां पाहि पाहि मां गणेश ॥

स्थाई

X		0		2		0		3		4	
स	ध॒	ध॒	प	–	ग॒	प	रे॒	ग॒	ग॒	रे॒	स
नौ	ऽ	मि	त्वा	ऽ	म्	श्री	ऽ	ग	णे	ऽ	श
स	स	ध़॒	ध़॒	स	स	स	रे॒	ग॒	ग॒	रे॒	स
प्र	ण	व	रू	ऽ	प	म	यू	ऽ	रे	ऽ	श
रे॒	स	ध़॒	ध़॒	स	स	रे॒	ग॒	रे॒	ग॒	प	प
ऋ	द्धि	ऽ	सि	द्धि	ऽ	बु	द्धि	ऽ	दो	ऽ	सि
रे॒	रे॒	ग॒	प	ध॒	सं	रे॒	ग॒	ग॒	रे॒	स	स
जा	ऽ	य	को	ऽ	वि	ना	ऽ	य	को	ऽ	सि

अन्तरा

X		0		2		0		3		4	
प	–	ग	प	–	ध	सं	–	सं	रें	सं	सं
ब्र	ऽ	ऽ	ह्मा	ऽ	ण्ड	का	ऽ	र	णो	ऽ	सि
सं	सं	ध	सं	सं	सं	रें	गं	गं	रें	सं	सं
अ	खि	ल	ज	ग	दु	द्धा	ऽ	र	णो	ऽ	सि
ध	ध	गं	गं	रें	रें	सं	–	सं	ध	प	ग
दु	रि	त	वि	घ्न	वि	ना	ऽ	श	नो	ऽ	सि
स	रे	ग	प	ध	सं	रे	रे	ग	ग	रे	स
वि	न	त	भ	क्त	ज	ना	ऽ	व	नो	ऽ	सि

सञ्चारी

X		0		2		0		3		4	
स	स	स	ध	ध	ध	सं	ध	ध	प	प	प
ल	ऽ	म्बो	ऽ	द	र	ए	ऽ	क	र	द	न
ध	–	प	–	प	ग	प	रे	रे	ग	रे	स
गौ	ऽ	री	ऽ	सु	त	ह	र	न	ऽ	न्द	न
स	ग	ग	रे	स	स	रे	स	ध़	ध़	स	स
सि	ऽ	न्दू	ऽ	रि	त	र	ऽ	क्त	व	स	न
स	रे	ग	प	ध	प	ग	रे	ग	रे	स	स
पू	ऽ	जि	त	सु	र	न	र	मु	नि	ज	न

आभोग

X		0		2		0		3		4	
प	–	प	ग	प	ध	सं	सं	—	रें	सं	सं
ना	ऽ	द	ज्यो	ऽ	ति	ल	य	ऽ	ली	ऽ	न
सं	सं	ध	–	सं	सं	रें	सं	सं	—	ध	प
क	रु	णा	ऽ	पू	ऽ	रि	त	लो	ऽ	च	न
ध	सं	गं	रें	सं	सं	सं	रें	सं	—	ध	प
ज	ग	वं	ऽ	द	न	ध्या	ऽ	ये	ऽ	त्वां	ऽ
ग	प	ध	सं	—	सं	रे	ग	ग	रे	स	स
पा	ऽ	हि	पा	ऽ	हि	मां	ऽ	ग	णे	ऽ	श

शिवशङ्कर

राग नटभैरव - ध्रुपद - ताल चौताल

काव्यनिर्मिति एवं सङ्गीतनिर्मिति : प्रो. सुमति मुटाटकर (दिल्ली)

हर हर शिव शङ्कर जटाजूट-गङ्गाधर।
नीलकण्ठ चन्द्रमौलि त्रिपुरदहन त्रिशूलधर ॥
विषमनयन वृषवाहन विषधर भुजङ्गभूषण।
गिरिजापति गौरीहर कुरु कुशलं मामुद्धर ॥
विश्वनाथ भूतनाथ आशुतोष भोलानाथ।
शरणागत-सुखनिधान मृत्युञ्जय भवभयहर ॥
कालभैरव नटभैरव नादनिरत ताण्डवप्रिय।
महाकाल ओङ्कार जय जय जय जगदीश्वर ॥

स्थाई

X		0		2		0		3		4	
ग	म	ध	ध	प	पध	प	म	प	म	–	ग
ह	र	ह	र	शि	वऽ	श	ऽ	ऽ	ङ्क	ऽ	र
म	प	रे	रे	ग	म	प	रे	ग	म	रे	स
ज	टा	ऽ	जू	ऽ	ट	ग	ऽ	ङ्गा	ऽ	ध	र
म	रे	स	सऩी	स	स	ऩी	ध़	म़	ऩीध़	ऩी	स
नी	ऽ	ल	कऽ	ऽ	ष्ठ	च	ऽ	न्द्र	मौऽ	ऽ	लि
ऩी	ध़	ऩी	स	म	म	म	ध	नी	सं	ध	प
त्रि	पु	र	द	ह	न	त्रि	शू	ऽ	ल	ध	र

अन्तरा

X		0		2		0		3		4	
म	म	प	प	ध̲	ध̲	नी	नी	नी	सं	सं	सं
वि	ष	म	न	य	न	वृ	ष	वा	ऽ	ह	न
सं	संनी	ध̲	ध̲	नी	सं	रें	रें	गं	मं	रें	सं
वि	षऽ	ध	र	भु	ज	ऽ	ङ्ग	भू	ऽ	ष	ण
सं	रें	सं	नी	ध̲	प	ग	म	नी	ध̲	नी	सं
गि	रि	जा	ऽ	प	ति	गौ	ऽ	री	ऽ	ह	र
सं	रें	सं	नी	ध̲	प	म	प	म	गम	रे	स
कु	रु	कु	श	लं	ऽ	मा	ऽ	मु	ऽऽ	द्ध	र

सञ्चारी

X		0		2		0		3		4	
स	–	स	ध̲	–	ध̲	ध̲	–	ध̲	प	–	प
वि	ऽ	श्व	ना	ऽ	थ	भू	ऽ	त	ना	ऽ	थ
प	रे	रे	रे	ग	म	प	रेग	म	रे	–	स
आ	ऽ	शु	तो	ऽ	ष	भो	लाऽ	ऽ	ना	ऽ	थ
म	रे	स	ऩी	ध़̲	प़	म़	ऩी	ध़̲	ऩी	स	स
श	र	णा	ऽ	ग	त	सु	ख	नि	धा	ऽ	न
नी	ध़̲	नी	स	म	म	प	ग	म	म	प	प
मृ	ऽ	त्यु	ऽ	ञ्ज	य	भ	व	भ	य	ह	र

आभोग

X		0		2		0		3		4	
म	ग	म	प	प	प	ध	ध	नी	सं	सं	सं
का	ऽ	ल	भै	र	व	न	ट	भै	ऽ	र	व
सं	–	नी	ध	नी	सं	सं	रें	सं	नीसं	ध	प
ना	ऽ	द	वि	र	त	ता	ऽ	ण्ड	वऽ	प्रि	य
म	ग	म	रे	ग	म	ध	–	–	नी	सं	सं
म	हा	ऽ	का	ऽ	ल	ओ	ऽ	ऽ	ङ्का	ऽ	र
सं	सरें	सं	नी	ध	प	म	प	म	गम	रे	स
ज	यऽ	ज	य	ज	य	ज	ग	दी	ऽऽ	श्व	र

श्यामसुन्दर

राग श्यामकल्याण - ध्रुपद - ताल चौताल

काव्यनिर्मिति एवं सङ्गीतनिर्मिति : प्रो. सुमति मुटाटकर (दिल्ली)

सोले हूँ सिंगार वारि डारूँ।
श्यामसुन्दर की मनमोहनी मूरत पर ।।
बंक भृकुटि चलन पर कुंडलन की हलन पर।
मन्द मन्द हसन पर तन मन वारूँ।।
सजल-जलद-नील-बरन विकच-कमल-दल लोचन।
दशन सोहे लर मोतियन अत मनहर मुरलि की धुन।।
ऐसे नन्दनन्दन पर परमानन्दसागर पर।
त्रिभुवन के नायक पर सरबस वारूँ।।

स्थाई

X		0		2		0		3		4	
						–	प	म	रे	ऩी	स
						ऽ	सो	ऽ	ले	हूँ	सिं
म	–	रे	म॑	म॑	प	प	ध	म॑	प	–	प
गा	ऽ	ऽ	ऽ	ऽ	ऽ	र	वा	ऽ	ऽ	ऽ	रि
प	ग	–	म	रे	ऩी	स	–	म	–	रे	रे
डा	ऽ	ऽ	रूँ	ऽ	श्या	ऽ	ऽ	म	ऽ	ऽ	सु
म॑	प	–	प	–	रे	म॑	प	नी	ध	प	प
न्द	र	ऽ	की	ऽ	म	न	ऽ	मो	ऽ	ह	नी
धम॑	प	ग	म	रे	म॑प	प,	प	म	रे	ऩी	स
मूऽ	ऽ	ऽ	र	त	पऽ	र,	सो	ऽ	ले	हूँ	सिं

अन्तरा

X		0		2		0		3		4	
म	रे	म॑	प	नी	नी	सं	सं	सं	सं	–	सं
बं	ऽ	क	भृ	कु	टि	च	ल	न	प	ऽ	र
सं	–	नी	नी	सं	रें	सं	नी	ध	प	म॑	प
कु	ऽ	ण्ड	ल	न	की	ह	ल	न	प	ऽ	र
ग	म	रे	म॑	–	प	सं	रें	सं	नी	ध	प
म	ऽ	न्द	म	ऽ	न्द	ह	स	न	प	ऽ	र
ध	म॑प	ग	म	रे	म॑	प,	प	म	रे	ऩी	स
त	नऽ	ऽ	म	न	वा	रूँ,	सो	ऽ	ले	हूँ	सिं

सञ्चारी

X		0		2		0		3		4	
स	स	स	प	प	प	ध	नी	ध	प	म॑	प
स	ज	ल	ज	ल	द	नी	ऽ	ल	ब	र	न
म॑	प	ध	प	म॑	प	प	ग	म	रे	स	स
वि	क	च	क	म	ल	द	ल	लो	ऽ	च	न
म	रे	स	स	ध़	प़	म़॑	प़	ऩी	स	रे	स
द	श	न	सो	ऽ	हे	ल	र	मो	ति	य	न
रे	रे	म॑	म॑	प	प	ग	म	रे	स	रे	स
अ	त	म	न	ह	र	मु	र	ली	की	धु	न

आभोग

X		0		2		0		3		4	
म	रे	म॑	प	नी	नी	सं	–	सं	सं	सं	सं
ऐ	ऽ	से	ऽ	न	न्द	न	ऽ	न्द	न	प	र
सं	नी	ध	नी	सं	रें	सं	नी	सं	ध	प	प
प	र	मा	न	ऽ	न्द	सा	ऽ	ग	र	प	र
पं	प	रें	रें	सं	–	सं	नी	सं	ध	प	प
त्रि	भु	व	न	के	ऽ	ना	ऽ	य	क	प	र
ध	म॑प	ग	म	रे	म॑	प,	प	म	रे	ज़ी	स
स	रऽ	ऽ	ब	स	वा	रूँ,	सो	ऽ	ले	हूँ	सिं

परब्रह्मस्तुति (कठोपनिषद् पर आधारित)

राग अहीरभैरव - ध्रुपद - तात चौताल

काव्यनिर्मिति एवं सङ्गीतनिर्मिति : प्रो. सुमति मुटाटकर (दिल्ली)

सच्चिदानन्दरूप मुनिजन बखानत
परब्रह्म ऊँ तत्सत् अनादि अनन्त अनूप।
अखिल जगत कारन पूरन घट घट प्रमान
निरजन निराकार प्रगट धरे नाम रूप।
ना सूरज चन्दा तारे दामिनि अरु अगन कहाँ।
कोऊ ना परकासन ऐसो ही अगम देस।
स्वयंज्योति परात्पर करत जगत उद्भासित।
परतीत जाको होत सोहि परमहंसरूप॥

स्थाई

X		0		2		0		3		4	
ग	म	रे	ग	म	प	म	ग	म	रे	–	सं
स	ऽ	ऽ	च्चि.	दा	ऽ	न	ऽ	न्द	रू	ऽ	प
नी.	नी	स	रे	रे	स	स	प	ध	नी	रें	सं
मु	नि	ऽ	ज	न	ब	खा	ऽ	ऽ	ऽ	न	त
रे	स	–	स	स	रे	ग	म	–	म	म	म
प	र	ऽ	ब्र	ऽ	ह्म	ऊँ	ऽ	ऽ	त	त्स	त्
म	प	ध	ध	नी	ध	प	म	गम	रे	–	स
अ	ना	ऽ	दि	ऽ	अ	न	न्त	अऽ	नू	ऽ	प

अन्तरा

X		0		2		0		3		4	
म	म	प	ध	नी	ध	नी	सं	—	सं	—	सं
अ	खि	ल	ज	ग	त	का	ऽ	ऽ	र	ऽ	न
नी	ध	नी	सं	रें	रेंगं	रें	सं	सं	नी	ध	नी
पू	ऽ	र	न	घ	टऽ	घ	ट	प्र	मा	ऽ	न
ध	प	ध	म	प	ध	म	ग	म	रे	—	स
नि	र	ऽ	ज	ऽ	न	नि	रा	ऽ	का	ऽ	र
स	म	प	ध	नीध	स	ग	म	ध़	ऩी	रे	स
प्र	ग	ट	ध	रेऽ	ऽ	ना	ऽ	म	रू	ऽ	प

सञ्चारी

X		0		2		0		3		4	
म	—	म	—	प	प	म	प	प	ध	प	प
ना	ऽ	सू	ऽ	र	ज	च	ऽ	न्दा	ता	ऽ	रे
म	ग	म	रे	ग	म	प	म	ग	म	रे	स
दा	ऽ	मि	नि	अ	रु	अ	ग	न	क	हाँ	ऽ
ऩी	ध़	ऩी	स	स	रे	ग	—	म	रे	—	स
को	ऊ	ऽ	ना	प	र	का	ऽ	ऽ	स	ऽ	न
स	रे	ग	म	प	ध	नी	सं	नी	ध	पध	प
ऐ	ऽ	सो	ऽ	ही	ऽ	अ	ग	म	दे	ऽऽ	स

आभोग

X		0		2		0		3		4	
म	म	प	ध	नी̱	ध	नी̱	सं	—	सं	—	सं
स्व	यं	ऽ	ज्यो	ऽ	ति	प	रा	ऽ	त्प	ऽ	र
नी̱	ध	नी̱	सं	सं	सं	रें̱	रें̱	गं	रें̱	सं	सं
क	र	त	ज	ग	त	उ	ऽ	द्धा	ऽ	सि	त
नी̱	ध	प.	म	प	ध	म	ग	म	रे̱	–	स
प	र	ऽ	ती	ऽ	त	जा	ऽ	को	हो	ऽ	त
स	म	प	ध	नी̱	सं	ग	म	ध़	ऩी̱	रे̱	स
सो	ऽ	हि	प	र	म	हं	ऽ	स	रू	ऽ	प

वसन्त - केलि

राग हिण्डोलबहार- धमार - ताल धमार

काव्यनिर्मिति एवं सङ्गीतनिर्मिति : प्रो. सुमति मुटाटकर (दिल्ली)

बाजत मृदङ्ग बीन करताल
और मुरली धुन डफ चंग।
नवल वसन्त नव नवल लाडली
सखियन संग करत केलि नवल रंग तरंग ॥

स्थाई

X					2		0			३			
										ग	स	ध़	स
										बा	ज	त	मृ
म	—	म॑	प	नी	प	म॑म॑	ध	सं	सं	रे	सं	ध	नी
द	ऽ	ङ्ग	बी	ऽ	न	कर	ता	ऽ	ल	औ	र	मु	र
सं	नी	सं	नी̲	प	ग	म॑	ग	–	स	ग	स	ध़	स
ली	ऽ	ऽ	धु	न	ड	फ	चं	ऽ	ग	बा	ज	त	मृ

अन्तरा

X					2		0			३			
										ध	नी	सं	नी
										न	व	ल	व
सं	–	–	सं	–	ध	नी	सं	रें	रें	सं	सं	नी॒	ध
स	ऽ	ऽ	न्त	ऽ	न	व	न	व	ल	ला	ऽ	ड	ली
नी॒	प	–	म	प	ग़.	म	म	नी॒	ध	नी	सं	सं	–
स	खि	ऽ	य	न	सं	ग	क	र	त	के	ऽ	लि	ऽ
रें	नी	सं	नी॒	प	ग॑	म॑	ग	–	स	ग	स	ध़	स
न	व	ल	रं	ऽ	ग	त	रं	ऽ	ग	बा	ज	त	मृ

नाद-तरङ्ग

राग दुर्गा (खमाज मेल) - धमार - ताल धमार

काव्यनिर्मिति एवं सङ्गीतनिर्मिति : प्रो. सुमति मुटाटकर (दिल्ली)

आज रंग रास रचावत सखियन संग।
लाडली जू के संग करत केलि अत उमंग॥
डफ मृदंग कोऊ बजावत मुरली धुन संग तान।
गावत ताल दे ता ता थैय्या निरतत गूँजे नाद-तरङ्ग॥

स्थाई

X					2		0			३			
ग	म	–	म	नी	ध	ग	म	ग	म	नी	ध	नी	सं
रा	ऽ	ऽ	स	र	चा	ऽ	व	त	स	खि	ऽ	य	न
सं	सं	गं	–	सं	ध	नी	ध	ग	म	ग	ध़	ऩी	स
सं	ग	ला	ऽ	ड	ली	ऽ	जू	के	सं	ग	क	र	त
ग	म	ध	नी	ध	म	ग	म	स,	ग	मस	ध़	ऩी	स
के	ऽ	लि	अ	त	उ	मं	ऽ	ग,	आ	ऽऽ	ज़	रं	ग

अन्तरा

X					2		0			३			
म	ग	म	नी	–	ध	नी	सं	सं	सं	नी	ध	सं	सं
ड	फ	मृ	द	ऽ	ऽ	ङ्ग	को	ऊ	ब	जा	ऽ	व	त
ध	नी	सं	गं	मं	गं	सं	सं	–	नी	ध	ग	म	ग
मु	र	ली	धु	न	सं	ग	ता	ऽ	न	गा	ऽ	व	त
ग	म	स	ऩी	ध़	ऩी	स	ग	म	ध	नी	ध	सं	सं
ता	ऽ	ल	दे	ऽ	ता	ता	थै	ऽ	य्या	नि	र	त	त
गं	सं	नी	ध	म	गम	ग	म	स,	ग	मस	ध़	ऩी	स
गूँ	ऽ	जे	ना	ऽ	दत	र	ऽ	ग,	आ	ऽऽ	ज	रं	ग

राधिका

राग पूरियाधनाश्री-सादरा- ताल झपताल

काव्यनिर्मिति एवं सङ्गीतनिर्मिति : प्रो. सुमति मुटाटकर (दिल्ली)

आवत सिंगार सजी मन्द गजगामिनी ।
राधिका रसखानि मन मदन भामिनी ।।
सघन घन कुञ्ज द्रुम बैठे सुन्दर श्याम ।
अभिसार को चली सहज अभिरामिनी ।।

स्थाई

X		2			0		3		
ऩी	–	रे	ग	ग	म	रे	ग	प	प
आ	ऽ	व	त	सिं	गा	ऽ	र	स	जी
पम	ध	ध	म	ग	म	ग	रे	स	–
मऽ	ऽ	न्द	ग	ज	गा	ऽ	मि	नी	ऽ
रे	ऩी	ध़	ऩी	रे	ग	मरे	गम	प	प
रा	ऽ	धि	का	ऽ	र	सऽ	खाऽ	ऽ	नि
म	ध	नी	रें	नी	ध	म	गरे	ग	रेस
म	न	म	द	न	भा	ऽ	मिऽ	नी	ऽऽ

अन्तरा

X		2			0		3		
म	ध	ग	म	ध	सं	–	संनी	रे	सं
स	घ	न	घ	ऩ	कु	ऽ	ञ्जऽ	द्रु	म
नी	–	रें	गं	रें	सं	नीरें	नी	ध	प
बै	ऽ	ठे	ऽ	सु	न्द	रऽ	श्या	ऽ	म
म	ग	म	रे	ग	म	ध	नी	सं	–
अ	भि	सा	ऽ	र	को	ऽ	च	ली	ऽ
रें	नी	ध	म	ग	म	रे	ग	रे	स
स	ह	ज	अ	भि	रा	ऽ	मि	नी	ऽ

कदम्बश्री

राग मियाँ की सारंग-ख्याल - ताल त्रिताल

काव्यनिर्मिति एवं सङ्गीतनिर्मिति : प्रो. सुमति मुटाटकर (दिल्ली)

कदम की छैय्या ठाडे कन्हैया
मुखसों बजावत मधुर मुरलिया।
ग्वाल बाल गो गोप गोपीजन
मुदित भये सब सुनि मुरलीधुन
बहत न थिर भई जमुना मैय्या ॥

स्थाई

X				2				0				3			
											म	रे	स	ऩी	प़
											क	द	म	की	ऽ
ऩी	ध़	ऩी	स	रे	म	प	म	रे	–	स	–	ऩी	स	रे,	म
छै	ऽ	या	ऽ	ठा	ऽ	डे	क	न्है	ऽ	या	ऽ	मु	ख	सों,	ब
प	नीध	नी	सं	सं	रें	सं	नी	प	म	रे,	म	रे	स	ऩी	प़
जा	ऽऽ	व	त	म	धु	र	मु	र	लि	या,	क	द	म	की	ऽ

अन्तरा

X				2				0				3			
												म	–	म	प
												ग्वा	ऽ	ल	बा
–	प	नी	ध	नी	सं	सं	सं	–	सं	सं	सं	नी	ध	नी	ध
ऽ	ल	गो	ऽ	गो	ऽ	प	गो	ऽ	पी	य	न	मु	दि	त	भ
नी	सं	सं	सं	सं	रें	नी	सं	नी	प	प	प	म	रे	ऩी	स
ये	ऽ	स	ब	सु	नि	मु	र	ली	ऽ	धु	न	ब	ह	त	न
रे	म	प	नी	सं	रें	सं	नी	प	म	रे,	म	रे	स	ऩी	प़
धि	र	भ	ई	ज	मु	ना	ऽ	मै	ऽ	य्या,	क	द	म	की	ऽ

रसरंग

राग हेमनट - ख्याल - ताल त्रिताल

काव्यनिर्मिति एवं सङ्गीतनिर्मिति : प्रो. सुमति मुटाटकर (दिल्ली)

सखि ! गुनियन की मान ले
सुर श्रुति लय राग ताल के
अनन्त होत ब्योरे, मान ले।
राग आलाप तान को पहले
गुरुन के अंग सो समझ बूझ ले
फिर पाछे रसरंग सों बढ़ाये
नित नई उपजे सुघर सुन्दर अपनी
सूझ सों रचिले, मान ले॥

स्थाई

X				2				0				3			
			ध़	ऩी	रे	ग	म	प	गम	रे	स	—	प़	ध़	प़
			सी	ऽ	ख	गु	नि	य	ऽऽ	न	की	ऽ	मा	ऽ	न
स	—	—	—	ऩी	ध़	ऩी	रे	ग	म	रे	स	रे	प	प	सं
ले	ऽ	ऽ	ऽ	सु	र	ऽ	श्रु	ति	ऽ	ल	य	रा	ऽ	ग	ता
—	सं	ध	प	ग	म	रे	प	गम	रे	स	रे	स,	प़	ध़	प़
ऽ	ल	के	अ	न	ऽ	न्त	हो	ऽऽ	त	ब्यो	ऽ	रे,	मा	ऽ	न

अन्तरा

X				2				0				3			
				म	रे	प	प	ध	—	प	सं	—	सं	सं	ध
				रा	ऽ	ग	आ	ला	ऽ	प	ता	ऽ	न	को	ऽ
सं	रें	सं	–	सं	सं	ध	ध	सं	सं	सं	सं	सं	रें	सं	सं
प	ह	ले	ऽ	गु	रु	न	के	अं	ग	सों	ऽ	स	म	झ	बू
ध	नी	प	–	ग	म	प	ग	म	रे	स	स	ऩी	ध़	ऩी	रे
ऽ	झ	ले	ऽ	फि	र	पा	ऽ	छे	ऽ	र	स	रं	ग	सों	ब
ग	–	ग	स	ऩी	रे	ग	म	प	प	सं	–	ध	नी	रें	गं
ढ़ा	ऽ	ये	नि	त	न	ई	ऽ	उ	प	जे	ऽ	सु	घ	र	सु
सं	रें	सं	रें	सं	प	ध	प	ग	म	स	रे	स,	प़	ध़	प़
न्द	र	अ	प	नी	सू	ऽ	झ	सों	ऽ	र	चि	ले,	मा	ऽ	न

माया

राग गौरी-ख्याल- ताल त्रिताल

काव्यनिर्मिति एवं सङ्गीतनिर्मिति : प्रो. सुमति मुटाटकर (दिल्ली)

तेरे हि रंग रूप रस गन्ध
तेरो ही दरस परस धुनि ग्यान।
तेरी ही माया तूने रचाई
अखिल संसार तेरो गुनगान ॥

स्थाई

X				2				0				3			
											रे̱	ग	रे̱	–	स
											ते	ऽ	रो	ऽ	हि
स	–	स	रे̱	ऩी	स	ऩी	ध़̱	ध़̱ऩी	स	ऩी	स	स	प	–	प
रं	ऽ	ग	रू	ऽ	प	र	स	गऽ	ऽ	न्ध	ते	रो	ही	ऽ	द
ध̱	म	–	म	प	प	ग	रे̱	ग	रे̱	स,	रे̱	ग	रे̱	–	स
र	स	ऽ	प	र	स	धु	नि	ग्या	ऽ	न,	ते	ऽ	रो	ऽ	हि

अन्तरा

X				2				0				3			
												–	प	नी	सं
												ऽ	ते	री	ऽ
सं	–	–	–	सं	नी	रें̱	सं	सं	—	—	रें̱	नी	ध̱	प	प
मा	ऽ	ऽ	ऽ	ऽ	ऽ	ऽ	ऽ	या	ऽ	ऽ	तू	ऽ	ने	ऽ	र
म	–	–	–	प	—	ग	रे̱	ग	रे̱	स	स	स	प	प	ध̱
चा	ऽ	ऽ	ऽ	ऽ	ऽ	ऽ	ऽ	ऽ	ऽ	ई	अ	खि	ल	सं	ऽ
नी	प	प	ध̱	म	प	ग	रे̱	ग	रे̱	स,	रे̱	ग	रे̱	–	स
सा	ऽ	र	ते	ऽ	रो	गु	न	गा	ऽ	न,	ते	ऽ	रो	ऽ	हि

SECTION X

कालिदास-सङ्गीत- वैजयन्तीमाला

Kālidāsa-Saṅgīta-Vaijayantīmālā

(Musical Rendition of the works of Kālidāsa)

दीपशिखाकालिदासप्रणीता पार्वतीपरमेश्वरस्तुतिः*

सङ्गीतनिर्मितिः—रघुवीर सहाय कुलश्रेष्ठः, जगदीश सहाय कुलश्रेष्ठः एवं सुषमा कुलश्रेष्ठ (दिल्ली)

वागर्थाविव सम्पृक्तौ वागर्थप्रतिपत्तये ।
जगतः पितरौ वन्दे पार्वतीपरमेश्वरौ ॥ 1 ॥

एकैश्वर्ये स्थितोऽपि प्रणतबहुफले यः स्वयं कृत्तिवासाः
कान्तासम्मिश्रदेहोऽप्यविषयमनसां यः परस्ताद्यतीनाम् ।
अष्टाभिर्यस्य कृत्स्नं जगदपि तनुभिर्बिभ्रतो नाभिमानः
सन्मार्गालोकनाय व्यपनयतु स वस्तामसीं वृत्तिमीशः ॥ 2 ॥

या सृष्टिः स्रष्टुराद्या वहति विधिहुतं या हविर्या च होत्री
ये द्वे कालं विधत्तः श्रुतिविषयगुणा या स्थिता व्याप्य विश्वम् ।
यामाहुः सर्वबीजप्रकृतिरिति यया प्राणिनः प्राणवन्तः
प्रत्यक्षाभिः प्रपन्नस्तनुभिरवतु वस्ताभिरष्टाभिरीशः ॥ 3 ॥

* रघुवंशम्—1/1, मालविकाग्निमित्रम्—1/1, अभिज्ञानशाकुन्तलम्—1/1

(i) पार्वतीपरमेश्वरस्तुतिः

छन्दः — अनुष्टुप्

राग शङ्करा - ताल तीनताल

सङ्गीतनिर्मितिः—रघुवीर सहाय कुलश्रेष्ठ (झाँसी)

X				2				0				3			
सं	–	नी	–	प	–	–	ग	प	–	ग	–	ग	–	स	–
वा	ऽ	ग	ऽ	र्था	ऽ	ऽ	वि	व	ऽ	स	ऽ	म्पृ	ऽ	क्तौ	–
स	–	स	–	ग	–	प	–	नी	ध	सं	–	–	नी	प	–
ऽ	ऽ	वा	ऽ	ग	ऽ	र्थ	ऽ	प्र	नि	प	ऽ	ऽ	त्त	ये	ऽ
प	–	सं	सं	नी	–	प	प	प	–	प	–	ग	प	ग	स
ऽ	ऽ	ज	ग	तः	ऽ	पि	त	रौ	ऽ	व	ऽ	ऽ	ऽ	न्दे	ऽ
स	–	स	–	ग	प	–	नी	सं	गं	–	सं	नी	–	प	–
ऽ	ऽ	पा	ऽ	र्व	ती	ऽ	प	र	मे	ऽ	श्व	रौ	ऽ	ऽ	ऽ

Date of Composition : 3.10.1990

(ii) परमेश्वरस्तुतिः

छन्दः—स्रग्धरा

राग हिण्डोल— ताल तीनताल

सङ्गीतनिर्मितिः—जगदीश सहाय कुलश्रेष्ठ (दिल्ली)

X				2				0				3			
स	–	ग	–	म	–	ध	–	नी	ध	–	म	ग	म	ग	स
ए	ऽ	कै	ऽ	श्व	ऽ	र्यें	ऽ	स्थि	तो	ऽ	पि	ऽ	प्र	ण	त
स	ऩी	ध़	स	–	स	–	ग	म	–	म	ग	म	ग	–	स
ब	हु	फ	ले	ऽ	यः	ऽ	स्व	यं	ऽ	कृ	ऽ	त्ति	वा	ऽ	साः
म	–	ग	–	म	–	ग	–	स	स	–	ग	–	मध	नीध	सं
का	ऽ	न्ता	ऽ	स	ऽ	म्मि	ऽ	श्र	दे	ऽ	हो	ऽ	प्यऽ	विऽ	ष
सं	सं	सं	नी	–	ध	–	म	ग	–	म	ध	नी	ध	–	सं-
य	म	न	सां	ऽ	यः	ऽ	प	र	ऽ	स्ता	ऽ	द्य	ती	ऽ	नाम्
ग	–	ग	–	म	–	ध	–	नी	ध	–	सं-	–	सं	सं	सं
अ	ऽ	ष्टा	ऽ	भि	ऽ	र्य	ऽ	स्य	कृ	ऽ	त्स्नं	ऽ	ज	ग	द
गं	गं	गं	मं	–	मं	–	गं	सं	–	गं	–	सं	नी	–	ध
पि	त	नु	भि	ऽ	र्बि	ऽ	भ्र	तो	ऽ	ना	ऽ	भि	मा	ऽ	नः
म	–	ग	–	म	ध	नी	ध	म	ग	–	म	–	ग	ग	स
स	ऽ	न्मा	ऽ	र्गा	ऽ	लो	ऽ	क	ना	ऽ	य	ऽ	व्य	प	न
स	स	स	ग	–	ग	–	म	ध	–	नी	–	ध	सं	–	सं
य	तु	स	व	ऽ	स्ता	ऽ	म	सीं	ऽ	वृ	ऽ	त्ति	मी	ऽ	शः

Date of Composition : 3.10.1990

(iii) महेश्वरस्तुतिः

छन्दः—स्रग्धरा

राग मालकोश—ताल तीनताल

सङ्गीतनिर्मितिः—सुषमा कुलश्रेष्ठ (दिल्ली)

X				2				0				3			
सं	–	सं	–	सं	–	ध	–	नी	सं	–	सं	–	नी	सं	सं
या	ऽ	सृ	ऽ	ष्टिः	ऽ	स्र	ऽ	ष्टु	रा	ऽ	द्या	ऽ	व	ह	ति
नी	सं	नी	सं	–	ध	–	ध	ध	–	ध	–	नी	ध	–	म
वि	धि	हु	तं	ऽ	या	ऽ	ह	वि	ऽ	र्या	ऽ	च	हो	ऽ	त्री
स	–	ग	–	म	–	ग	–	म	ध	–	ध	–	ध	नी	नी
ये	ऽ	द्वे	ऽ	का	ऽ	लं	ऽ	वि	ध	ऽ	त्तः	ऽ	श्रु	ति	वि
नी	नी	नी	नी	–	नी	–	नी	नी	–	नी	ध	नी	सं	सं-	–
ष	य	गु	णा	ऽ	या	ऽ	स्थि	ता	ऽ	व्या	ऽ	प्य	वि	श्वम्	ऽ
सं	–	गं	–	मं	–	गं	–	सं	सं	–	सं	सं	सं	सं	सं
या	ऽ	मा	ऽ	हुः	ऽ	स	ऽ	र्व	बी	ऽ	ज	प्र	कृ	ति	रि
गं	सं	नी	–	नी	–	नी	नी	–	नी	ध	नी	ध	–	म	–
ति	य	या	ऽ	प्रा	ऽ	णि	नः	ऽ	प्रा	ऽ	ण	व	ऽ	न्तः	ऽ
सं	–	नी	–	ध	–	म	–	नी	ध	–	म	–	सं	नी	सं
प्र	ऽ	त्य	ऽ	क्षा	ऽ	भिः	ऽ	प्र	प	ऽ	न्न	ऽ	स्त	नु	भि
ध	नी	ध	म	–	गं	–	सं	नी	–	ध	–	म	ग	स	–
र	व	तु	व	ऽ	स्ता	ऽ	भि	र	ऽ	ष्टा	ऽ	भि	री	शः	ऽ

Date of Composition : 11.1.1991

ऋतुसंहार-सङ्गीत-सुरभिः

निदाघकाले प्रचण्डातपतापनम्*

सङ्गीतनिर्मितिः—जगदीश सहाय कुलश्रेष्ठ (दिल्ली)

मृगाः प्रचण्डातपतापिता भृशं
तृषा महत्या परिशुष्कतालवः ।
वनान्तरे तोयमिति प्रधाविता
निरीक्ष्य भिन्नाञ्जनसंनिभं नभः ॥ 1 ॥

सविभ्रमैः सस्मितजिह्मवीक्षितै-
र्विलासवत्यो मनसि प्रवासिनाम् ।
अनङ्गसंदीपनमाशु कुर्वते
यथा प्रदोषाः शशिचारुभूषणाः ॥ 2 ॥

रवेर्मयूखैरभितापितो भृशं
विदह्यमानः पथि तप्तपांसुभिः ।
अवाङ्मुखो जिह्मगतिः श्वसन्मुहुः
फणी मयूरस्य तले निषीदति ॥ 3 ॥

तृषा महत्या हतविक्रमोद्यमः
श्वसन्मुहुर्दूरविदारिताननः ।
न हन्त्यदूरेऽपि गजान्मृगेश्वरो
विलोलजिह्वश्चलिताग्रकेसरः ॥ 4 ॥

Direction : The third verse should be sung like the first verse and the last verse as the second verse of this song.

Date of Composition : 2.10.1990

* ऋतुसंहारम् —1/11-14

निदाघकाले प्रचण्डातपतापनम् (छन्दः–वंशस्थम्)

राग जयजयवन्ती—ताल एकताल   सङ्गीतनिर्मितिः—जगदीश सहाय कुलश्रेष्ठ (दिल्ली)

X		0		2		0		3		4	
प	रे	–	रे	ग	–	रे	स	रे	ग	म	प
मृ	गाः	ऽ	प्र	च	ऽ	ण्डा	ऽ	त	प	ता	ऽ
ग	म	–	रे	ग	रेस	ऩी	ध़	प़	प़	रे	–
पि	ता	ऽ	भृ	शं	ऽऽ	तृ	षा	ऽ	म	ह	ऽ
ग	–	म	प	नी	–	ध	प	म	ग	रेग	रेस
त्या	ऽ	प	रि	शु	ऽ	ष्क	ता	ऽ	ल	वःऽ	ऽऽ
रे	ग	म	प	ग	म	ग	म	प	नी	सं	–
व	ना	ऽ	न्त	रे	ऽ	तो	ऽ	य	मि	ति	ऽ
नी	ध	प	ध	प	–	रे	ग	–	रेस	सं	–
प्र	धा	ऽ	वि	ता	ऽ	नि	री	ऽ	ऽक्ष्य	भि	ऽ
नी	–	ध	प	ध	–	म	ग	म	रे	रेग	रेस
न्ना	ऽ	ञ्ज	न	स	ऽ	न्नि	भं	ऽ	न	भःऽ	ऽऽ
ग	म	–	प	नी	–	सं	–	नी	सं	रें	–
स	वि	ऽ	भ्र	मैः	ऽ	स	ऽ	स्मि	त	जि	ऽ
गं	रें	–	नी	सं	–	नी	नी	सं	रें	गं	मं
ह्म	वी	ऽ	क्षि	तै	ऽ	र्वि	ला	ऽ	स	व	ऽ
गं	रें	गं	रें	सं	–	नी	सं	–	नी	ध-	प
त्यो	ऽ	म	न	सि	ऽ	प्र	वा	ऽ	सि	नाम्	ऽ
ध	म	–	म	रे	ग	रे	स	रे	ग	म	–
अ	न	ऽ	ङ्ग	सं	ऽ	दी	ऽ	प	न	मा	ऽ
प	ग	म	प	नी	–	नी	सं	–	रें	गं	–
शु	कु	ऽ	र्व	ते	ऽ	य	था	ऽ	प्र	दो	ऽ
रें	सं	सं	नी	ध	–	प	म	ग	रे	ग	रेस
षाः	ऽ	श	शि	चा	ऽ	रु	भू	ऽ	ष	णाः	ऽऽ

ऋतुसंहार-सङ्गीत-सुरभिः

वर्षारामणीयकम्*

सङ्गीतनिर्मितिः — सुषमा कुलश्रेष्ठ (दिल्ली)

ससीकराम्भोधरमत्तकुञ्जर-
स्तडित्पताकोऽशनिशब्दमर्दलः ।
समागतो राजवदुद्धतद्युति-
र्घनागमः कामिजनप्रियः प्रिये ॥ 1 ॥

नितान्तनीलोत्पलपत्रकान्तिभिः
क्वचित्प्रभिन्नाञ्जनराशिसंनिभैः ।
क्वचित्सगर्भप्रमदास्तनप्रभैः
समाचितं व्योम घनैः समन्ततः ॥ 2 ॥

तृषाकुलैश्चातकपक्षिणां कुलैः
प्रयाचितास्तोयभरावलम्बिनः ।
प्रयान्ति मन्दं बहुधारवर्षिणो
बलाहकाः श्रोत्रमनोहरस्वनाः ॥ 3 ॥

बलाहकाश्चाशनिशब्दमर्दलाः
सुरेन्द्रचापं दधतस्तडिद्गुणम् ।
सुतीक्ष्णधारापतनोग्रसायकै-
स्तुदन्ति चेतः प्रसभं प्रवासिनाम् ॥ 4 ॥

* ऋतुसंहारम्—2/1-6

प्रभिन्नवैदूर्यनिभैस्तृणाङ्कुरैः
समाचिता प्रोत्थिकन्दलीदलैः ।
विभाति शुक्लेतररत्नभूषिता
वराङ्गनेव क्षितिरिन्द्रगोपकैः ॥ 5 ॥

सदा मनोज्ञं स्वनदुत्सवोत्सुकं
विकीर्णविस्तीर्णकलापशोभितम् ।
ससंभ्रमालिङ्गनचुम्बनाकुलं
प्रवृत्तनृत्यं कुलमद्य बर्हिणाम् ॥ 6 ॥

वर्षारामणीयकम्

छन्दः — वंशस्थम्

राग मियाँमल्हार—ताल एकताल

सङ्गीतनिर्मितिः — सुषमा कुलश्रेष्ठ (दिल्ली)

X		0		2		0		3		4	
म	रे	–	स	ऩी	–	ऩी	–	म़	प़	ऩी	–
स	सी	ऽ	क	रा	ऽ	म्भो	ऽ	ध	र	म	ऽ
ध़	ऩी	–	ऩी	स	स	स	रे	–	रे	रे	–
त्त	कु	ऽ	ञ्ज	र	ऽ	स्त	डि	ऽ	त्प	ता	ऽ
रे	–	स	रे	प	ग	म	रे	–	रे	स	स
को	ऽ	श	नि	श	ऽ	ब्द	म	ऽ	र्द	लः	ऽ
रे	प	–	प	प	–	प	–	म	प	नी	–
स	मा	ऽ	ग	तो	ऽ	रा	ऽ	ज	व	दु	ऽ
प	ग	म	रे	स	स	म	रे	स	ऩी	ऩी	ऩी
द्ध	त	ऽ	द्यु	ति	ऽ	र्घ	ना	ऽ	ग	मः	ऽ
ऩी	–	म़	प़	ऩी	ऩी	ध़	नी	–	नी	स	–
का	ऽ	मि	ज	न	ऽ	प्रि	यः	ऽ	प्रि	ये	ऽ

X		0		2		0		3		4	
म	म	–	म	रे	–	म	–	प	प	नी	–
नि	ता	ऽ	न्त	नी	ऽ	लो	ऽ	त्प	ल	प	ऽ
ध	नी	–	नी	सं	सं	नी	नी	–	सं	सं	–
त्र	का	ऽ	न्ति	भिः	ऽ	क्व	चि	ऽ	त्र	भि	ऽ
नी	–	सं	सं	नी	–	ध	ध	नी	नी	सं	–
न्ना	ऽ	ञ्ज	न	रा	ऽ	शि	स	ऽ	न्नि	भैः	ऽ
नी	सं	–	नी	नी	–	प	–	प	प	ग	–
क्व	चि	ऽ	त्स	ग	–	र्भ	ऽ	प्र	म	द्रा	ऽ
म	रे	–	रे	स	–	म	रे	–	स	ऩी	–
स्त	न	ऽ	प्र	भैः	ऽ	स	मा	ऽ	चि	तं	ऽ
ऩी	–	म़	प़	ऩी	–	ध़	ऩी	–	ऩी	स	स
व्यो	ऽ	म	घ	नैः	ऽ	स	म	ऽ	न्त	तः	ऽ

X		0		2		0		3		4	
म	रे	–	रे	प	–	प	–	नी	नी	ध	–
तृ	षा	ऽ	कु	लै	ऽ	श्चा	ऽ	त	क	प	ऽ
ध	नी	ध	नी	सं	सं	नी	सं	रें	सं	नी	–
क्षि	णां	ऽ	कु	लैः	ऽ	प्र	या	ऽ	चि	ता	ऽ
नी	–	म	प	नी	–	ध	नी	–	नी	सं	सं
स्तो	ऽ	य	भ	रा	ऽ	व	ल	ऽ	म्बि	नः	ऽ
रें	पं	–	पं	गं	–	मं	–	रें	सं	नी	–
प्र	या	ऽ	न्ति	म	ऽ	न्दं	ऽ	ब	हु	धा	ऽ
ध	नी	–	नी	सं	–	नी	सं	–	सं	नी	–
र	व	ऽ	र्षि	णो	ऽ	ब	ला	ऽ	ह	का	ऽ
प	–	प	प	ग	–	म	रे	–	रे	स	स
श्रो	ऽ	त्र	म	नो	ऽ	ह	र	ऽ	स्व	नाः	ऽ

Direction : The fourth verse will be sung like the first verse, the fifth like the second verse and the sixth verse will be sung like the third verse of this song.

Date of Composition : 26.9.1990

ऋतुसंहार-सङ्गीत-सुरभिः
शरन्नववधूः*

सङ्गीतनिर्मितिः—जगदीश सहाय कुलश्रेष्ठ (दिल्ली)

काशांशुका विकचपद्ममनोज्ञवक्त्रा
सोन्मादहंस-रव-नूपुरनादरम्या ।
आपक्वशालिरुचिरानतगात्रयष्टिः
प्राप्ता शरन्नववधूरिव रूपरम्या ॥ 1 ॥

काशैर्मही शिशिरदीधितिना रजन्यो
हंसैर्जलानि सरितां कुमुदैः सरांसि ।
सप्तच्छदैः कुसुमभारनतैर्वनान्ताः
शुक्लीकृतान्युपवनानि च मालतीभिः ॥ 2 ॥

चञ्चन्मनोज्ञशफरीरसनाकलापाः
पर्यन्तसंस्थितसिताण्डजपङ्क्तिहाराः ।
नद्यो विशालपुलिनान्तनितम्बबिम्बा
मन्दं प्रयान्ति समदाः प्रमदा इवाद्य ॥ 3 ॥

व्योम क्वचिद् रजतशङ्खमृणालगौरै-
स्त्यक्ताम्बुभिर्लघुतया शतशः प्रयातैः ।
संलक्ष्यते पवनवेगचलैः पयोदै
राजेव चामरशतैरुपवीज्यमानः ॥ 4 ॥

* ऋतुसंहारम्—3/1-4

शरन्नववधूः

छन्दः — वसन्ततिलका

राग बहार—ताल एकताल

सङ्गीतनिर्मितिः—जगदीश सहाय कुलश्रेष्ठ (दिल्ली)

X		0		2		0		3		4	
सं	रे	सं	रें	नी	सं	–	प	नी	म	प	ग
का	ऽ	शां	ऽ	शु	का	ऽ	वि	क	च	प	ऽ
म	नी	म	प	ग	म	नी	नी	ध	नी	नी	सं
द्य	म	नो	ऽ	ज्ञ	ऽ	व	ऽ	ऽ	क्त्रा	ऽ	ऽ
रे	नी	स	म	म	म	प	–	प	–	पनी	मप
सो	ऽ	ऽ	न्मा	ऽ	द	हं	ऽ	स	ऽ	रऽ	वऽ
ग	म	म	नी	ध	नी	सं	नीसं	रेंसं	नीध	नीसं	संसं
नू	ऽ	पु	र	ना	ऽ	द	रऽ	ऽऽ	म्या	ऽऽ	ऽऽ
ग	म	नी	ध	नी	सं	सं	नी	सं	सं	नी	सं
आ	ऽ	प	ऽ	ऽ	क्व	शा	ऽ	लि	ऽ	रु	चि
सं	रें	–	सं	नी	सं	–	प	नी	ध	नी	प
रा	ऽ	ऽ	न	त	गा	ऽ	त्र	य	ऽ	ष्टिः	ऽ
गं	–	गं	गं	मं	मं	रें	रें	सं	रें	सं	सं
प्रा	ऽ	प्ता	ऽ	श	र	ऽ	न्न	व	व	धू	ऽ
सं	रें	सं	रें	नी	सं	पनी	संनी	पनी	पनी	मप	गम
रि	व	रू	ऽ	ऽ	प	रऽ	ऽऽ	ऽऽ	म्याऽ	ऽऽ	ऽऽ

X		0		2		0		3		4	
ग	ग	म	–	नी	ध	नी	–	सं	सं	सं	नी
का	ऽ	शै	ऽ	र्म	ऽ	ही	ऽ	शि	शि	र	दी
सं	सं	नी	सं	सं	–	नी	नी	नी	ध	नी	सं
ऽ	धि	ति	ना	ऽ	ऽ	र	ऽ	ज	ऽ	न्यो	ऽ
ग	–	म	–	नी	ध	नी	–	सं	–	सं	नी
हं	ऽ	सै	ऽ	र्ज	ऽ	ला	ऽ	नि	ऽ	स	रि
सं	–	नी	सं	सं	–	नी	ध	नी	ध	नी	सं
तां	ऽ	कु	मु	दैः	ऽ	स	ऽ	रां	ऽ	सि	ऽ
गं	–	मं	–	रें	–	सं	–	नी	नी	सं	सं
स	ऽ	प्त	ऽ	च्छ	ऽ	दैः	ऽ	कु	सु	म	भा
नी	सं	नी	ध	ग	म	ध	नी	सं	–	सं	–
ऽ	र	न	ऽ	तै	ऽ	र्व	ऽ	ना	ऽ	न्ताः	ऽ
रें	–	सं	–	रें	–	सं	–	नी	–	ध	ध
शु	ऽ	क्ली	ऽ	कृ	ऽ	ता	ऽ	न्यु	–	प	व
नी	–	सं	सं	नी	–	प	प	–	ग	म	रेस
ना	ऽ	नि	च	मा	ऽ	ल	ती	ऽ	भिः	ऽ	ऽऽ

Direction : The third verse will be sung like the first verse and the fourth like the second verse of this song.

Date of Composition : 28.9.1990

ऋतुसंहार-सङ्गीत-सुरभिः

हेमन्तश्रीः*

सङ्गीतनिर्मितिः—जगदीश सहाय कुलश्रेष्ठ (दिल्ली)

नवप्रवालोद्गमसस्यरम्यः
प्रफुल्ललोध्रः परिपक्वशालिः ।
विलीनपद्मः प्रपतत्तुषारो
हेमन्तकालः समुपागतोऽयम् ॥ 1 ॥

मनोहरैश्चन्दनरागगौरै-
स्तुषारकुन्देन्दुनिभैश्च हारैः ।
विलासिनीना स्तनशालिनीनां
नालंक्रियन्ते स्तनमण्डलानि ॥ 2 ॥

न बाहुयुग्मेषु विलासिनीनां
प्रयान्ति सङ्गं वलयाङ्गदानि ।
नितम्बबिम्बेषु नवं दुकूलं
तन्वंशुकं पीनपयोधरेषु ॥ 3 ॥

काञ्चीगुणैः काञ्चनरत्नचित्रै-
र्नो भूषयन्ति प्रमदा नितम्बान् ।
न नूपुरैर्हंसरुतं भजद्भिः
पादाम्बुजान्यम्बुजकान्तिभाञ्जि ॥ 4 ॥

* ऋतुसंहारम्—4/1-4

हेमन्तश्रीः

छन्दः— उपजातिः

राग ललित—ताल एकताल

सङ्गीतनिर्मितिः—जगदीश सहाय कुलश्रेष्ठ (दिल्ली)

X		0		2		0		3		4	
ऩी	रे̱	–	ग	रे̱	–	स	–	ग	म	म	–
न	व	ऽ	प्र	वा	ऽ	लो	ऽ	द्र	म	स	ऽ
म	म	ग	–	ग	–	म	ध	–	ध	रें̱	–
ऽ	स्य	र	ऽ	म्यः	ऽ	प्र	फु	ऽ	ल्ल	लो	ऽ
नी	–	म	म	ध	–	म	ध	म	म	म	–
ध्र:	ऽ	प	रि	प	ऽ	क्व	शा	ऽ	ऽ	लिः	ऽ
ग	ग	–	–	म	ध	–	सं	–	सं	संनी	रें̱
वि	ली	ऽ	ऽ	न	प	ऽ	द्म	ऽ	प्र	पऽ	त
रें̱	सं	रें̱	–	नी	–	सं	–	रें̱	–	सं	सं
ऽ	त्तु	षा	ऽ	रो	ऽ	हे	ऽ	म	ऽ	न्त	का
सं	रें̱	नी	ध	ध	म	म	ध	म	म	गग	–
ऽ	लः	ऽ	स	मु	पा	ऽ	ग	तो	ऽ	यम्	ऽ

X		0		2		0		3		4	
ग	ग	–	–	म	ध	–	सं	–	सं	सं	संनी
म	नो	ऽ	ऽ	ह	रै	ऽ	श्च	ऽ	न्द	न	राऽ
रें	सं	नी	–	रें	–	गं	रें	–	सं	सं	रें
ऽ	ग	गौ	ऽ	रै	ऽ	स्तु	षा	ऽ	र	कु	ऽ
सं	–	–	सं	नी	ध	–	ध	म	–	म	–
न्दे	ऽ	ऽ	न्दु	नि	भै	ऽ	श्च	हा	ऽ	रैः	ऽ
ग	ग	–	म	ध	–	सं	–	सं	सं	रें	–
वि	ला	ऽ	सि	नी	ऽ	नां	ऽ	स्त	न	शा	ऽ
सं	सं	रें	–	सं	–	नी	–	रें	–	नी	ध
ऽ	लि	नी	ऽ	नां	ऽ	ना	ऽ	लं	ऽ	क्रि	य
ध	ध	–	म	ध	म	–	म	म	म	ग	–
ऽ	न्ते	ऽ	स्त	न	म	ऽ	ण्ड	ला	ऽ	नि	ऽ

Direction : The third verse will be sung like the first verse and the fourth like the second verse of this song.

Date of Composition : 2.10.1990

ऋतुसंहार-सङ्गीत-सुरभिः

शिशिरश्रीः*

सङ्गीतनिर्मितिः—जगदीश सहाय कुलश्रेष्ठ (दिल्ली)

प्ररूढशालीक्षुचयावृतक्षितिं
क्वचित् स्थितक्रौञ्चनिनादराजितम्।
प्रकामकामं प्रमदाजनप्रियं
वरोरु कालं शिशिराह्वयं शृणु ॥ 1 ॥

निरुद्धवातायनमन्दिरोदरं
हुताशनो भानुमतो गभस्तयः।
गुरूणि वासांस्यबलाः सयौवनाः
प्रयान्ति कालेऽत्र जनस्य सेव्यताम् ॥ 2 ॥

न चन्दनं चन्द्रमरीचिशीतलं
न हर्म्यपृष्ठं शरदिन्दुनिर्मलम्।
न वायवः सान्द्रतुषारशीतला
जनस्य चित्तं रमयन्ति साम्प्रतम् ॥ 3 ॥

तुषारसंघातनिपातशीतलाः
शशाङ्कभाभिः शिशिरीकृताः पुनः।
विपाण्डुतारागणचारुभूषणा
जनस्य सेव्या न भवन्ति रात्रयः ॥ 4 ॥

* ऋतुसंहारम्—5/1-4

शिशिरश्रीः

छन्द : — वंशस्थम्

राग यमन—ताल एकताल

सङ्गीतनिर्मितिः—जगदीश सहाय कुलश्रेष्ठ (दिल्ली)

X		0		2		0		3		4	
नी	रे	–	रे	ग	–	ग	–	नी	रे	ग	–
प्र	रू	ऽ	ढ	शा	ऽ	ली	ऽ	क्षु	च	या	ऽ
रे	ग	–	म	प	–	म	ध	–	नी	ध	प
वृ	त	ऽ	क्षि	तिं	ऽ	क्व	चि	ऽ	त्स्थि	त	ऽ
रे	–	ग	नी	रे	–	रे	ग	–	प	रेरे	स
क्रौ	ऽ	ञ्च	नि	ना	ऽ	द	रा	ऽ	जि	तम्	ऽ
नी	रे	–	रे	ग	–	ग	–	म	ग	म	·
प्र	का	ऽ	म	का	ऽ	मं	ऽ	प्र	म	दा	ऽ
ध	नी	–	ध	नी	–	ध	नी	–	रें	सं	–
ज	न	ऽ	प्रि	यं	ऽ	व	रो	ऽ	रु	का	ऽ
सं	–	नी	ध	प	–	रे	ग	–	रे	स	–
लं	ऽ	शि	शि	रा	ऽ	ह्व	यं	ऽ	शृ	णु	ऽ

X		0		2		0		3		4	
म	ग	–	म	ध	–	ध	–	म	ध	नी	–
नि	रु	ऽ	द्ध	वा	ऽ	ता	ऽ	य	न	म	ऽ
नी	ध	–	नी	रें	–	रें	सं	–	नी	ध	–
न्दि	रो	ऽ	द	रं	ऽ	हु	ता	ऽ	श	नो	ऽ
नी	–	ध	प	प	–	रे	ग	–	रे	स	–
भा	ऽ	नु	म	तो	ऽ	ग	भ	ऽ	स्त	यः	ऽ
नी	रे	–	रे	ग	–	ग	–	रे	ग	म	–
गु	रू	ऽ	णि	वा	ऽ	सां	ऽ	स्य	ब	लाः	ऽ
म	ग	म	ध	ध	–	म	ध	–	ध	नी	–
स	यौ	ऽ	व	नाः	ऽ	प्र	या	ऽ	न्ति	का	ऽ
ऩी	–	ध	नी	रें	–	सं	नीरें	संनी	धप	मग	रेस
ले	ऽ	त्र	ज	न	ऽ	स्य	सेऽ	ऽऽ	व्यऽ	ताम्	ऽऽ

Direction : The third verse will be sung like the first verse and the fourth like the second verse of this song.

Date of Composition : 2.10.1990

ऋतुसंहार-सङ्गीत-सुरभिः

वसन्तश्रीः*

सङ्गीतनिर्मितिः—जगदीश सहाय कुलश्रेष्ठ (दिल्ली)

प्रफुल्लचूताङ्कुरतीक्ष्णसायको
द्विरेफमालाविलसद्धनुर्गुणः ।
मनांसि भेत्तुं सुरतप्रसङ्गिनां
वसन्तयोद्धा समुपागतः प्रिये ॥ 1 ॥

द्रुमाः सपुष्पाः सलिलं सपद्मं
स्त्रियः सकामाः पवनः सुगन्धिः ।
सुखाः प्रदोषा दिवसाश्च रम्याः
सर्वं प्रिये चारुतरं वसन्ते ॥2 ॥

ईषत्तुषारैः कृतशीतहर्म्यैः
सुवासितं चारु शिरश्च चम्पकैः ।
कुर्वन्ति नार्योऽपि वसन्तकाले
स्तनं सहारं कुसुमैर्मनोहरैः ॥3 ॥

वापीजलानां मणिमेखलानां
शशाङ्कभासां प्रमदाजनानाम् ।
चूतद्रुमाणां कुसुमान्वितानां
ददाति सौभाग्यमयं वसन्तः ॥ 4 ॥

* ऋतुसंहारम्—6/1-4

वसन्तश्रीः

छन्दः—वंशस्थम् उपजातिश्च

राग वसन्त – ताल एकताल

सङ्गीतनिर्मितिः—जगदीश सहाय कुलश्रेष्ठ (दिल्ली)

X		0		2		0		3		4	
नी	सं	–	नी	रें	–	नी	ध	प	प	म	–
प्र	फु	ऽ	ल्ल	चू	ऽ	ता	ऽ	ङ्कु	र	ती	ऽ
ध	नी	–	ध	प	–	म	ग	–	म	ग	रे
क्षण	सा	ऽ	य	को	ऽ	द्वि	रे	ऽ	फ	मा	ऽ
स	–	ऩी	स	म	–	म	म	ग	ग	रे	स
ला	ऽ	वि	ल	स	ऽ	द्ध	नु	ऽ	र्गु	णः	ऽ
म	ध	–	नी	रें	–	नी	–	ध	ध	प	–
म	नां	ऽ	सि	भे	ऽ	त्तुं	ऽ	सु	र	त	ऽ
म	ग	–	म	सरे	स	म	ग	म	ग	म	ध
प्र	स	ऽ	ङ्गि	नांऽ	ऽ	व	स	ऽ	न्त	यो	ऽ
रें	सं	रें	नी	ध	प	म	ग	–	म	गरे	स
द्धा	ऽ	स	मु	पा	ऽ	ग	तः	ऽ	प्रि	येऽ	ऽ

X		0		2		0		3		4	
म	ग	–	म	ध	–	सं	–	सं	रें	सं	–
द्रु	माः	ऽ	स	पु	ऽ	ष्याः	ऽ	स	लि	लं	ऽ
सं	नी	–	–	रें	–	सं	नी	–	सं	नी	–
स	प	ऽ	ऽ	द्यां	ऽ	स्त्रि	यः	ऽ	स	का	ऽ
ध	–	ध	नी	रें	सं	मं	गं	–	रें	–	सं
माः	ऽ	प	व	नः	ऽ	सु	ग	ऽ	न्धिः	ऽ	ऽ
सं	सं	रें	–	सं	सं	–	नी	–	ध	ध	रें
सु	खाः	ऽ	ऽ	प्र	दो	ऽ	षा	ऽ	दि	वं	सा
रें	नी	ध	–	प	–	नी	–	ध	–	ध	प
ऽ	श्च	ं	ऽ	म्याः	ऽ	स	ऽ	र्वं	ऽ	प्रि	ये
प	म	–	ग	म	ग	–	म	ग	रे	स	–
ऽ	चा	ऽ	रु	त	रं	ऽ	व	स	ऽ	न्ते	ऽ

Direction : The third verse should be sung like the first verse and the fourth like the second verse of this song.

Date of Composition : 30.9.1990

मेघदूत-सङ्गीत-पल्लवी
विरहिणी यक्षी*

सङ्गीतनिर्मितिः—मञ्जु कुलश्रेष्ठ (दिल्ली)

तन्वी श्यामा शिखरिदशना पक्वबिम्बाधरोष्ठी
मध्ये क्षामा चकितहरिणीप्रेक्षणा निम्ननाभिः ।
श्रोणीभारादलसगमना स्तोकनम्रा स्तनाभ्यां
या तत्र स्याद्युवतिविषये सृष्टिराद्येव धातुः ॥ 1 ॥

तां जानीथाः परिमितकथां जीवितं मे द्वितीयं
दूरीभूते मयि सहचरे चक्रवाकीमिवैकाम् ।
गाढोत्कण्ठां गुरुषु दिवसेष्वेषु गच्छत्सु बालां
जातां मन्ये शिशिरमथितां पद्मिनीं वान्यरूपाम् ॥ 2 ॥

नूनं तस्याः प्रबलरुदितोच्छूननेत्रं प्रियाया
निःश्वासानामशिशिरतया भिन्नवर्णाधरोष्ठम् ।
हस्तन्यस्तं मुखमसकलव्यक्ति लम्बालकत्वा-
दिन्दोर्दैन्यं त्वदनुसरणक्लिष्टकान्तेर्बिभर्ति ॥ 3 ॥

आलोके ते निपतति पुरा सा बलिव्याकुला वा
मत्सादृश्यं विरहतनु वा भावगम्यं लिखन्ती ।
पृच्छन्ती वा मधुरवचनां सारिकां पञ्जरस्थां
कच्चिद्भर्तुः स्मरसि रसिके त्वं हि तस्य प्रियेति ॥ 4 ॥

* मेघदूतम् (नन्दार्गीकर-संस्करणम्) — 2/21-24

विरहिणी यक्षी

छन्दः— मन्दाकान्ता

राग नारायणी—ताल तीनताल

सङ्गीतनिर्मितिः—मञ्जु कुलश्रेष्ठ (दिल्ली)

0				3				X				2			
स	स	रे	म	प	नी	ध	प	प	–	–	नी	ध	प	म	म
त	ऽ	न्वी	ऽ	ऽ	ऽ	श्या	ऽ	मा	ऽ	ऽ	शि	ख	रि	द	श
रे	स	–	म	रे	ऩी	ऩी	–	ध़	–	प़	ध़	–	स	–	–
ना	ऽ	ऽ	प	ऽ	क्व	बि	ऽ	म्बा	ऽ	ध	रो	ऽ	ष्ठी	ऽ	ऽ
स	स	रे	रे	म	म	प	प	स	रे	रे	म	म	प	–	–
म	ऽ	ध्ये	ऽ	क्षा	ऽ	मा	ऽ	च	कि	त	ह	रि	णी	ऽ	ऽ
म	–	प	ध	–	ध	–	ध	ध	नी	प	–	–	–	–	–
प्रे	ऽ	क्ष	णा	ऽ	नि	ऽ	म्न	ना	ऽ	भिः	ऽ	ऽ	ऽ	ऽ	ऽ
म	म	प	प	ध	ध	सं	सं	म	प	प	ध	ध	सं	–	–
श्रो	ऽ	णी	ऽ	भा	ऽ	रा	ऽ	द	ल	स	ग	म	ना	ऽ	ऽ
ध	–	सं	रें	मं	रें	–	सं	नी	–	ध	–	ध	–	–	–
स्तो	ऽ	क	न	ऽ	म्रा	ऽ	स्त	ना	ऽ	भ्या	ऽ	म्	ऽ	ऽ	ऽ
नी	ध	म	प	रे	रे	स	स	नी	ध	म	म	प	रे	स	–
या	ऽ	त	ऽ	त्र	ऽ	स्या	ऽ	द्यु	व	ति	वि	ष	ये	ऽ	ऽ
स	स	रे	म	–	प	–	धनी	ध	–	प	–	–	–	–	–
सृ	ऽ	ष्टि	रा	ऽ	द्ये	ऽ	वऽ	धा	ऽ	तुः	ऽ	ऽ	ऽ	ऽ	ऽ

Direction : Each quarter of this verse should be sung twice. Remaining verses should be sung like the first verse.

Date of Composition : 1.7.1979

मेघदूत-सङ्गीत-पल्लवी

आधिक्षामा यक्षाङ्गना*

सङ्गीतनिर्मितिः—सुषमा कुलश्रेष्ठ (दिल्ली)

उत्सङ्गे वा मलिनवसने सौम्य निक्षिप्य वीणां
मद्गोत्राङ्कं विरचितपदं गेयमुद्गातुकामा ।
तन्त्रीमार्द्रां नयनसलिलैः सारयित्वा कथंचि-
द्भूयोभूयः स्वयमपि कृतां मूर्च्छनां विस्मरन्ती ॥ 1 ॥

शेषान्मासान्विरहदिवसस्थापितस्यावधेर्वा
विन्यस्यन्ती भुवि गणनया देहलीदत्तपुष्पैः ।
संभोगं वा हृदयनिहितारम्भमास्वादयन्ती
प्रायेणैते रमणविरहेष्वङ्गनानां विनोदाः ॥ 2 ॥

आधिक्षामां विरहशयने संनिषण्णैकपार्श्वां
प्राचीमूले तनुमिव कलामात्रशेषां हिमांशोः ।
नीता रात्रिः क्षण इव मया सार्धमिच्छारतैर्या
तामेवोष्णैर्विरहमहतीमश्रुभिर्यापयन्तीम् ॥ 3 ॥

सा संन्यस्ताभरणमबला पेशलं धारयन्ती
शय्योत्सङ्गे निहितमसकृद्दुःखदुःखेन गात्रम् ।
त्वामप्यस्रं नवजलमयं मोचयिष्यत्यवश्यं
प्रायः सर्वो भवति करुणावृत्तिरार्द्रान्तरात्मा ॥ 4 ॥

* मेघदूतम्—2/25-26, 28, 32

आधिक्षामा यक्षाङ्गना

छन्दः—मन्दाक्रान्ता

राग खम्बावती—ताल तीनताल

सङ्गीतनिर्मितिः—सुषमा कुलश्रेष्ठ (दिल्ली)

0				3				X				2			
रे	रे	म	म	प	प	धध	पध	सं	सं	सरें	नी	नी	ध	प	–
उ	ऽ	त्त	ऽ	ङ्गे	ऽ	वाऽ	ऽऽ	म	लि	नऽ	व	स	ने	ऽ	ऽ
पध	पध	म	म	मप	मप	ग	ग	–	ग	म	स	–	–	–	–
सौऽ	म्याऽ	ऽ	ऽ	निऽ	क्षिऽ	प्य	ऽ	ऽ	वी	ऽ	णां	ऽ	ऽ	ऽ	ऽ
म	स	ऩी	–	ध़	–	प़	–	ध़	ध़	प़	प़	ध़	स	–	–
म	ऽ	द्गो	ऽ	त्रा	ऽ	ङ्कं	ऽ	वि	र	चि	त	प	दं	ऽ	ऽ
रे	–	म	प	–	ध	–	ध	ध	नी	प	–	–	–	–	–
गे	ऽ	य	मु	ऽ	द्गा	ऽ	तु	का	ऽ	मा	ऽ	ऽ	ऽ	ऽ	ऽ
म	म	प	प	ध	ध	सं	सं	सं	सं	सं	सं	सं	सं	–	–
त	ऽ	न्त्री	ऽ	मा	ऽ	र्द्रां	ऽ	न	य	न	स	लि	लैः	ऽ	ऽ
प	ध	सं	रें	गं	सं	नी	ध	ध	नी	प	–	प	–	–	–
सा	ऽ	र	यि	ऽ	त्वा	ऽ	क	थ	ऽ	ञ्चि	ऽ	द्	ऽ	ऽ	ऽ
पध	पध	म	म	मप	मप	ग	ग	ग	म	ग	म	स	स	–	–
भूऽ	योऽ	ऽ	ऽ	भूऽ	यःऽ	ऽ	ऽ	स्व	य	म	पि	कृ	तां	ऽ	ऽ
म	स	ऩी	ऩी	–	ध़	ध़	प़	ध़	–	स	–	–	–	–	–
मू	ऽ	र्च्छ	नां	ऽ	वि	ऽ	स्म	र	ऽ	न्ती	ऽ	ऽ	ऽ	ऽ	ऽ

Direction : Each quarter of this verse should be sung twice. Remaining verses should be sung like the first verse.

Date of Composition : 31.8.1979

मेघदूत-सङ्गीत-पल्लवी

यक्षोदन्तः*

सङ्गीतनिर्मितिः—जगदीश सहाय कुलश्रेष्ठ (दिल्ली)

श्यामास्वङ्गं चकितहरिणीप्रेक्षणे दृष्टिपातं
वक्त्रच्छायां शशिनि शिखिनां बर्हभारेषु केशान्।
उत्पश्यामि प्रतनुषु नदीवीचिषु भ्रूविलासा-
न्हन्तैकस्मिन्क्वचिदपि न ते चण्डि ! सादृश्यमस्ति ॥ 1 ॥

त्वामालिख्य प्रणयकुपितां धातुरागैः शिलाया-
मात्मानं ते चरणपतितं यावदिच्छामि कर्त्तुम्।
अस्त्रैस्तावन्मुहुरुपचितैर्दृष्टिरालुप्यते मे
क्रूरस्तस्मिन्नपि न सहते सङ्गमं नौ कृतान्तः ॥ 2 ॥

शापान्तो मे भुजगशयनादुत्थिते शार्ङ्गपाणौ
शेषान्मासान्गमय चतुरो लोचने मीलयित्वा।
पश्चादावां विरहगुणितं तं तमात्माभिलाषं
निर्वेक्ष्यावः परिणतशरच्चन्द्रिकासु क्षपासु ॥ 3 ॥

एतत्कृत्वा प्रियमनुचितं प्रार्थनादात्मनो मे
सौहार्दाद्वा विधुर इति वा मय्यनुक्रोशबुद्ध्या।
इष्टान्देशाञ्जलद विचर प्रावृषा संभृतश्री-
र्माभूदेवं क्षणमपि च ते विद्युता विप्रयोगः ॥ 4 ॥

* मेघदूतम्—2/43, 44, 49, 54

यक्षोदन्तः

छन्दः — मन्दाक्रान्ता

राग ललित — ताल तीनताल

सङ्गीतनिर्मितिः—जगदीश सहाय कुलश्रेष्ठ (दिल्ली)

0				3				X				2			
ऩी	रे	ग	रे	स	–	ग	म	म	म	म	म	म	म	—	—
श्या	ऽ	मा	ऽ	स्व	ऽ	ङ्गं	ऽ	च	कि	त	ह	रि	णी	ऽ	ऽ
म	–	म	ग	–	रे	–	ग	म	ग	रे	स	–	–	–	–
प्रे	ऽ	क्ष	णे	ऽ	दृ	ऽ	ष्टि	पा	ऽ	तं	ऽ	ऽ	ऽ	ऽ	ऽ
ध	–	म	ध	सं	–	सं	–	सं	सं	नी	ध	म	ध	सं	–
व	ऽ	क्त्र	ऽ	च्छा	ऽ	यां	ऽ	श	शि	नि	शि	खि	नां	ऽ	ऽ
सं	–	सं	सं	–	रें	नी	ध	म	–	ध	म	ध	म	–	मग
ब	ऽ	र्ह	भा	ऽ	रे	ऽ	षु	के	ऽ	ऽ	शा	ऽ	ऽ	ऽ	न्ऽ
ध	–	म	ध	सं	–	सं	–	सं	सं	सं	सं	सं	रें	सं	–
उ	ऽ	त्प	ऽ	श्या	ऽ	मि	ऽ	प्र	त	नु	षु	न	दी	ऽ	ऽ
सं	–	सं	सं	–	नी	–	ध	म	–	ध	नी	म	ध	म	म
वी	ऽ	चि	षु	ऽ	भ्रू	ऽ	वि	ला	ऽ	ऽ	ऽ	सा	ऽ	ऽ	न्
म	–	म	–	ग	–	ग	गग	नी	नी	म	ग	म	ग	रे	स
ह	ऽ	न्तै	ऽ	क	ऽ	स्मि	ऽन्	क्व	चि	द	पि	न	ते	ऽ	ऽ
ऩी	रे	ग	ग	म	ध	सं	–	नी	ध	–	म	ध	म	म	ग
च	ऽ	ण्डि	ऽ	सा	ऽ	दृ	ऽ	श्य	म	ऽ	ऽ	ऽ	ऽ	स्ति	ऽ

Direction : Remaining verses should be sung like the first verse.

Date of Composition : 3.9.1979

कुमारसम्भव-सङ्गीत-धवलश्रीः

पिनाकिचरितम् *

राग दरबारीकानड़ा - ताल मत्तताल

सङ्गीतनिर्मितिः-कमलेश कुमारी कुलश्रेष्ठ (दिल्ली)

उपात्तवर्णे चरिते पिनाकिनः
सबाष्पकण्ठस्खलितैः पदैरियम् ।
अनेकशः किन्नरराजकन्यका
वनान्तसङ्गीतसखीररोदयत् ॥

X		0		2		3		0		4		5		6		0	
ऩी	स	–	स	रे	रे	स	रे	ग	ग	म	–	रे	स	–	स	ऩी	स
उ	पा	ऽ	त्त	व	ऽ	र्णे	ऽ	च	रि	ते	ऽ	पि	ना	ऽ	कि	नः	ऽ
म	म	–	म	प	–	प	–	ध	ध	नी	प	ग	ग	म	रे	सस	–
स	बा	ऽ	ष्प	क	ऽ	ण्ठ	ऽ	स्ख	लि	तैः	ऽ	प	दै	ऽ	रि	यम्	ऽ
म	म	–	प	ध	ध	नी	–	सं	सं	ध	–	नी	सं	–	सं	सं	–
अ	ने	ऽ	क	शः	ऽ	कि	ऽ	न्न	र	रा	ऽ	ज	क	ऽ	न्य	का	ऽ
नी	सं	–	सं	रें	–	सं	–	सं	रें	ध	–	प	म	–	गम	रे	स
व	ना	ऽ	न्त	स	ऽ	ङ्गी	ऽ	त	स	खी	ऽ	र	रो	ऽ	दऽ	य	त्

Date of Composition : 13.3.1990

* कुमारसम्भवम्—5/56

रघुवंश-सङ्गीत-दीपशिखा

प्रियशिष्या ललिते कलाविधौ*

राग सोहनी - ताल तीनताल

सङ्गीतनिर्मितिः—कमलेश कुमारी कुलश्रेष्ठ (दिल्ली)

गृहिणी सचिवः सखी मिथः प्रियशिष्या ललिते कलाविधौ ।
करुणाविमुखेन मृत्युना हरता त्वां वद किं न मे हृतम् ।।
कलमन्यभृतासु भाषितं कलहंसीषु मदालसं गतम् ।
पृषतीषु विलोलमीक्षितं पवनाधूतलतासु विभ्रमाः ।।

3				X				2				0			
स	स	ग	–	म	ध	नी	सं	रें	रें	सं	–	नी	ध	म	ग
गृ	हि	णी	ऽ	स	चि	वः	ऽ	स	खी	ऽ	ऽ	मि	थः	ऽ	ऽ
म	म	ध	–	म	–	ग	ग	म	–	ग	म	–	ग	रे	स
प्रि	य	शि	ऽ	ष्या	ऽ	ल	लि	ते	ऽ	क	ला	ऽ	वि	धौ	ऽ
ग	ग	म	–	ध	ध	नी	–	सं	रें	–	–	रें	सं	–	–
क	रु	णा	ऽ	वि	मु	खे	ऽ	न	मृ	ऽ	ऽ	त्यु	ना	ऽ	ऽ
स	सं	गं	–	मं	–	गं	गं	सं	–	नी	ध	म	ग	रेरे	स
ह	र	ता	ऽ	त्वां	ऽ	व	द	किं	ऽ	न	मे	ऽ	हृ	तम्	ऽ

Direction : The second verse will be sung like the first verse.

Date of Composition : 13.3.1990.

* रघुवंशम्—8/67,59

विक्रमोर्वशीय-सङ्गीत-मोहिनी

उर्वशी-मदनगीतम्

राग केदार - ताल एकताल

सङ्गीतनिर्मितिः—आभा कुलश्रेष्ठ (दिल्ली)

स्वामिन् सम्भाविता यथाहं त्वयाज्ञाता
तथानुरक्तस्य यदि नाभ तवोपरि।
ननु मम लुलितपारिजातशयनीये भवन्ति
नन्दनवनवाता अप्यत्युष्णकाः शरीरके॥

X		0		2		0		3		4	
स	–	म	म	प	–	प	–	ध	प	–	–
स्वा	ऽ	मि	न्	स	ऽ	म्भा	ऽ	वि	ता	ऽ	ऽ
म	प	–	ध	–	ध	प	–	म	प	म	–
य	था	ऽ	हं	ऽ	त्व	या	ऽ	ज्ञा	ऽ	ता	ऽ
प	प	–	–	सं	सं	–	–	ध	–	–	प
त	था	ऽ	ऽ	नु	र	ऽ	ऽ	क्त	ऽ	ऽ	स्य
सं	ध	प	–	–	प	म	प	–	म	रे	स
य	दि	ना	ऽ	ऽ	म	त	वो	ऽ	ऽ	प	रि
प	प	प	प	सं	सं	सं	सं	–	सं	रें	–
न	नु	म	म	लु	लि	त	पा	ऽ	रि	जा	ऽ
सं	सं	सं	ध	–	प	–	प	सं	–	सं	सं
त	श	य	नी	ऽ	ये	ऽ	भ	व	ऽ	न्ति	न
सं	मं	मं	मं	मं	रें	–	सं	–	रें	–	सं
ऽ	न्द	न	व	न	वा	ऽ	ता	ऽ	अ	ऽ	प्य
सं	ध	–	प	म	–	ध	प	–	म	रे	स
ऽ	त्यु	ऽ	ष्ण	काः	ऽ	श	री	ऽ	र	के	ऽ

मालविकाग्निमित्र-सङ्गीत-मञ्जरी

मालविका-गीतिः

राग वसन्त - ताल एकताल

सङ्गीतनिर्मितिः - अरुणा मोहन कुलश्रेष्ठ (नई दिल्ली)

दुर्लभः प्रियस्तस्मिन् भव हृदय निराश-
महो अपाङ्गको मे प्रस्फुरति किमपि वामः ।
एष स चिरदृष्टः कथं पुनरुपनेतव्यो
नाथ मां पराधीनां त्वयि गणय सतृष्णाम् ॥

X		0		2		0		3		4	
सं	–	–	नी	ध	–	प	प	–	म	–	–
दु	ऽ	ऽ	र्ल	भः	ऽ	प्रि	य	ऽ	स्त	ऽ	ऽ
ग	–	म	ग	म	ग	रे	रे	स	–	–	स
स्मि	ऽ	न्भ	व	हृ	द	य	नि	रा	ऽ	ऽ	श
ऩी	स	–	–	म	म	–	म	म	ध	सं	–
म	हो	ऽ	ऽ	अ	पा	ऽ	ङ्ग	को	ऽ	मे	ऽ
रें	–	सं	नी	ध	प	म	ग	रे	–	स	–
प्र	ऽ	स्फु	र	ति	कि	म	पि	वा	ऽ	मः	ऽ
म	–	–	ग	म	म	ध	ध	सं	–	सं	सं
ए	ऽ	ऽ	ष	स	चि	र	दृ	ऽ	ऽ	ष्टः	ऽ
ध	ध	ध	ध	सं	–	सं	सं	रें	–	सं	–
क	थ	मु	प	ने	ऽ	त	ऽ	व्यो	ऽ	ऽ	ऽ
नी	रें	गं	मं	–	गं	रें	सं	नी	–	–	ध
ना	ऽ	थ	मां	ऽ	प	रा	ऽ	धी	ऽ	ऽ	नां
प	–	म	ध	नी	ध	प	प	म	ग	रे	स
ऽ	ऽ	त्व	यि	ग	ण	य	स	तृ	ऽ	ष्णा	म्

अभिज्ञानशाकुन्तल-सङ्गीत-अरुणश्रीः
हंसपदिका - रागपरिवाहिणीगीतिः*

राग शिवरञ्जनी - ताल तीनताल

सङ्गीतनिर्मितिः— पारिजातमञ्जरी कुलश्रेष्ठ (इन्द्रप्रस्थ)

अभिनवमधुलोलुपो भवांस्तथा परिचुम्ब्य चूतमञ्जरीम्।
कमलवसतिमात्रनिर्वृतो मधुकर विस्मृतोस्येनां कथम्॥

X				2				0				3			
ध़	स	रे	ग	रे	ग	प	–	ग	प	–	ध	सं	–	सं	–
अ	भि	न	व	म	धु	लो	ऽ	लु	पो	ऽ	भ	वां	ऽ	ऽ	ऽ
ध	सं	–	रें	सं	ध	–	प	ध	–	प	ग	–	रे	गरे	स
स्त	था	ऽ	प	रि	चु	ऽ	म्ब्य	चू	ऽ	त	म	ऽ	ञ्ज	रीम्	ऽ
प	प	प	प	ध	ध	सं	–	–	ध	ध	–	सं	सं	–	–
क	म	ल	व	स	ति	मा	ऽ	ऽ	त्र	नि	ऽ	र्वृ	तो	ऽ	ऽ
ध	सं	रें	गं	रें	–	गं	रें	–	सं	–	धप	ग	रे	गरे	स
म	धु	क	र	वि	ऽ	स्मृ	तो	ऽ	स्ये	ऽ	नांऽ	ऽ	क	थम्	ऽ

Date of Composition : 23.11.1990.

* अभिज्ञानशाकुन्तलम्—5/1

CONTENTS

अनुक्रमणिकावली

APPENDICES

संस्कृत-सङ्गीत-रत्नशती-गत-रागानुक्रमणिका

क्र.सं.	राग	रचना-संख्या	रचना-शीर्षक
1.	अडाना	10	नन्दलाल
		15	श्याम-मुरली
		23	दीनदयालु
2.	अहीरभैरव	79	परब्रह्मस्तुति
3.	आभोगी	63	शरणागति
4.	कमलरञ्जनी	66	शृङ्गार
5.	काफी	12	मुरली
		13	श्याम-छवि
		18	वीणावादिनी शारदा
6.	केदार	98	उर्वशी-मदनगीतम्
7.	खट	46	विद्याधर
		75	तराना
8.	खमाज	3	यशोदानन्दन
		7	नन्दनन्दन
		8	नटनागर
		49	हरिणाक्षी
		50	श्याम-मुरली

8. खमाज	53	कान्हा
	54	श्यामसुन्दर
	56	मुरली
9. खम्बावती	9	कान्हा
10. गुणकली/	21	महेश्वर
गुणक्री	17	गणेश-स्तुति
11. गौडमल्हार	37	वर्षर्तु
12. गौरी	85	माया
13. चाँदनीकेदार (मैहरेकुभ)	74	कलबाना
14. जयजयवन्ती	87	निदाघकाले प्रचण्डातपतापनम्
15. जोगकौंस	60	उत्कण्ठा
16. तिलककामोद	64	गुरुगौरव
17. तोड़ी	47	गणपति
18. दरबारीकानड़ा	96	पिनाकिचरितम्
19. दीपक	34	वसन्त-मञ्जिमा
20. दुर्गा	1	मधुराष्टकम्
	11	मनमोहन
	57	कुलश्रेष्ठकुले कमलेशकला
	81	नाद-तरङ्ग
21. देश	27	होली
22. देशकार	19	देवी
23. नटभैरव	77	शिवशङ्कर
24. नटमल्हार	40	सुहागपरी

38.	मियाँमल्हार	88	वर्षारामणीयकम्
39.	मियाँ की सारङ्ग	83	कदम्बश्री
40.	मिश्रबिहाग	29	झूलागीत
41.	मेघमल्हार	38	प्रोषितपतिका
		42	नीलकण्ठ शिवशङ्कर
		44	कृष्ण गिरिधर
42.	मैहरेकुभ (चाँदनीकेदार)	74	कलबाना
43.	यमन	14	बनवारी
		61	विरहिणी
		91	शिशिरश्री:
44.	रागेश्री	5	बिहारी
		30	वसन्त-सुषमा
45.	ललित	90	हेमन्तश्री:
		95	यक्षोदन्त:
46.	वसन्त	26	वसन्तकेलि:
		92	वसन्तश्री:
		99	मालविका-गीति:
47.	वृन्दावनीसारङ्ग	51	नटखट
48.	शङ्करा	42	नीलकण्ठ शिवशङ्कर
		86 (i)	पार्वतीपरमेश्वरस्तुति:
49.	शहाना	55	सजनवा
50.	शिवमत भैरव	72	जगद्गति
51.	शिवरञ्जनी	65	शङ्कर
		100	हंसपदिका-रागपरिवाहिणी-गीति:

52.	शुद्धसारङ्ग	4	मोहन
53.	श्यामकल्याण	78	श्यामसुन्दर
54.	सनमगनम	73	कौल
55.	सरस्वती	71	श्यामवंशी
56.	सुघरई	69	प्रियतम
57.	सूरदासीमल्हार	35	बादरवा
		36	सावन मनभावन
58.	सूहा	68	प्रिय
59.	सोहनी	59	तराना
		97	प्रियशिष्या ललिते कलाविधौ
60.	हंसकिङ्किणी	6	मनमोहन
61.	हमीर	25	सङ्गीत-स्तुति
62.	हिण्डोल	43	भागीरथी विष्णुपदा
		86 (ii)	परमेश्वरस्तुतिः
63.	हिण्डोलबहार	80	वसन्तकेलि
64.	हेमनट	84	रसरंग

संस्कृत-सङ्गीत-रत्नशती-गत-गीतानुक्रमणिका

संस्कृत-सङ्गीत-रत्नशती-गत-वाग्गेयकारानुक्रमणिका

क्र.सं.	वाग्गेयकार	रचना-संख्या	रचना-शीर्षक
1.	अदारंग	40	सुहागपरी
2.	उमड़ेकर, बाला भाऊ	71	श्याम-वंशी
3.	कालविण्ट, मुकुन्द विष्णु	2	श्रीकृष्णकेलिकला
		3	यशोदानन्दन
4.	कालिदास, दीपशिखा	86(i)	पार्वतीपरमेश्वरस्तुतिः
		86(ii)	परमेश्वरस्तुतिः
		86(iii)	महेश्वरस्तुतिः
		87	निदाघकाले प्रचण्डातपतापनम्
		88	वर्षारामणीयकम्
		89	शरन्नववधूः
		90	हेमन्तश्रीः
		91	शिशिरश्रीः
		92	वसन्तश्रीः
		93	विरहिणी यक्षी
		94	आधिक्षामा यक्षाङ्गना
		95	यक्षोदन्तः
		96	पिनाकिचरितम्

4.	कालिदास, दीपशिखा	97	प्रियशिष्या ललिते कलाविधौ
		98	उर्वशी-मदनगीतम्
		99	मालविका-गीतिः
		100	हंसपदिका-रागपरिवाहिणी-गीतिः
5.	कुलश्रेष्ठ, अरुणा मोहन	99	मालविका-गीतिः
6.	कुलश्रेष्ठ, आभा	98	उर्वशी-मदनगीतम्
7.	कुलश्रेष्ठ, कमलेश कुमारी	34	वसन्त-मञ्जिमा
		96	पिनाकिचरितम्
		97	प्रियशिष्या ललिते कलाविधौ
8.	कुलश्रेष्ठ, जगदीश सहाय	1	मधुराष्टकम्
		26	वसन्तकेलिः
		57	कुलश्रेष्ठकुले कमलेशकला
		58	सुखमय प्रभात
		86(ii)	परमेश्वरस्तुतिः
		87	निदाघकाले प्रचण्डातपतापनम्
		89	शरन्नववधूः
		90	हेमन्तश्रीः
		91	शिशिरश्रीः
		92	वसन्तश्रीः
		95	यक्षोदन्तः
9.	कुलश्रेष्ठ, जियालाल	34	वसन्त-मञ्जिमा
		58	सुखमय प्रभात
10.	कुलश्रेष्ठ, पारिजातमञ्जरी	100	हंसपदिका-रागपरिवाहिणी-गीतिः

11.	कुलश्रेष्ठ, मञ्जु	93	विरहिणी यक्षी
12.	कुलश्रेष्ठ, रघुवीर सहाय	86(i)	पार्वतीपरमेश्वरस्तुतिः
13.	कुलश्रेष्ठ, सुषमा	86(iii)	महेश्वरस्तुतिः
		88	वर्षारामणीयकम्
		94	आधिक्षामा यक्षाङ्गना
14.	कोरटकर, सुहासिनी	17	गणेशस्तुति
		72	जगद्गति
15.	खाँ, अमर अली	63	शरणागति
16.	खाँ, अमान अली	17	गणेशस्तुति
		72	जगद्गति
17.	खाँ, आदिल	21	महेश्वर
		42	नीलकण्ठ शिवशङ्कर
18.	खाँ, इकबाल अहभद	67	संदेश
		73	कौल
		74	कलबाना
19.	खाँ, गुलाम सादिक़	64	गुरुगौरव
20.	खाँ, ज़मीरुद्दीन	22	दाता
		45	चन्द्रवदनी
		55	सजनवा
21.	खाँ, मस्सू	9	कान्हा
		43	भागीरथी विष्णुपदा
		68	प्रिय
22.	खाँ, मुश्ताक हुसैन	64	गुरुगौरव

23.	खाँ, रज्ज़ब अली	23	दीनदयालु
		62	भवसागर
24.	खुराना, शन्नो	24	मातृवन्दना
		25	सङ्गीत-स्तुति
25.	खुसरो, अमीर	73	कौल
26.	गुणे, एम.वी.	14	बनवारी
27.	गुणे, नारायण लक्ष्मण	60	उत्कण्ठा
28.	ज़फर, बहादुर शाह 'शोखरंग'	28	वसन्तश्री
		67	संदेश
29.	जयदेव	2	श्रीकृष्णकेलिकला
		26	वसन्तकेलिः
30.	जोशी, एन.आर.	6	मनमोहन
		15	श्याम-मुरली
		41	घन-गर्जन
31.	जोशी,डी.टी.(मेरठ)	32	शरदृतु
32.	जोशी, ध्रुवतारा (शान्तिनिकेतन)	40	सुहागपरी
		46	विद्याधर
		59	तराना
		75	तराना
33.	तानसेन	42	नीलकण्ठ शिवशङ्कर
		43	भागीरथी विष्णुपदा
		44	कृष्ण गिरिधर
		45	चन्द्रवदनी

42.	बिन्दादीन	50	श्याम-मुरली
		52	श्याम
		56	मुरली
43.	भट्ट, भोलानाथ	50	श्याम-मुरली
		56	मुरली
		66	शृङ्गार
44.	मिश्र, नोदनाथ	57	कुलश्रेष्ठकुले कमलेशकला
45.	मुकर्जी, के.के.'नीलू बाबू'	5	बिहारी
46.	मुटाटकर, सुमति	70	उपालम्भ-गीति
		76	श्रीगणेशस्तुतिः
		77	शिवशङ्कर
		78	श्यामसुन्दर
		79	परब्रह्मस्तुति
		80	वसन्तकेलि
		81	नाद-तरङ्ग
		82	राधिका
		83	कदम्बश्री
		84	रसरंग
		85	माया
47.	मोघे, नारायण राव	12	मुरली
		28	वसन्तश्री
		33	वसन्तश्री

PROF. (MRS.) SUMATI MUTATKAR

A Brief Biographical Sketch

Abha Kulshreshtha

1. Date and Place of Birth : 10th September, 1916 at Balaghat, M.P.
2. Parents : Shri Gangadhar Janardana Ambardekar, Ex.Distt.& Session Judge, M.P. and Smt. Sundara Tai Ambardekar.
3. Husband : Prof. Vishvanath Lakshman Mutatkar.
4. Daughter : Mrs. Sunanda Bagadthey married to Shri P.P. Bagadthey, M. ARCH (Cornell) U.S.A., A.I.I.A, F.I.V., Architect and Valuer in Calcutta.
5. Present Address : 98, Asiad Village,
New Delhi-110049, INDIA.
Ph. (Res.)-6493164

6. **Educational Qualifications :**

(i) B.A., Nagpur University

(ii) B.Mus. (Sangeet Visharad), Bhatkhande Sangeet Vidyapeeth, Lucknow.

(iii) M. Mus. (Sangeet Nipun), Bhatkhande Sangeet Vidyapeeth, Lucknow.

(iv) D. Mus. (Sangeetacharya), Bhatkhande Sangeet Vidyapeeth, Lucknow; Doctoral thesis prepared under the guidance of Padmabhushan Dr. S.N. Ratanjankar on 'The Cultural Aspect of Indian Music'.

7. **Musical Training :**

(i) Initial lessons from Shri Sawla Ram of Nagpur and Shri Wamanbua Joshi of Amraoti.

(ii) Extensive training in all forms and aspects of Hindustani Classical Vocal Music from Padmabhushan Dr. S.N. Ratanjankar, Fellow of the Sangeet Natak Akademi.

(iii) Under Pandit Rajabhaiyya Poonchwale (a recipient of the Sangeet Natak Akademi Award), learnt the delineation of Khyal in the Gwalior style; as well as the rendering, in this tradition, of Tappa, Thumri and Prabandha of Jayadeva's *Gītagovinda*.

(iv) From Ustad Vilayat Hussain Khan, learnt the distinctive features of Khyal and Dhrupad-Dhamar as rendered by the Agra Gharana, of which he was a renowned master.

(v) Further enriched repertoire with several compositions learnt from Pandit Anant Manohar Joshi and Ustad Mushtaq Hussain Khan, both recipients of the Sangeet Natak Akademi Award.

(vi) From Pandit Govindrao Burhanpurkar, a learned exponent of the Pakhawaj (and a recipient of the Sangeet Natak Akademi Award), learnt much about the elaboration of Dhrupad-Dhamar to the accompaniment of that instrument.

(vii) Gained insights into the techniques of Thumri and Tappa of the Poorab Anga from Smt. Rasoolan Bai, a recipient of the Sangeet Natak Akademi Award.

8. Proficiency in Languages :

Command over English, Hindi, Marathi

Sound knowledge of Sanskrit

Working knowledge of Bengali & Gujarati.

9. Appointments held :

All India Radio

(i) Director of Music, 1953 to 1956

(ii) Deputy Chief Producer of Music, 1956-58 and 1965-68

Contributed to the establishment and building up of AIR's archival cell of Indian Music.

University of Delhi

(iii) Reader in Hindustani Music, 1968 to 1972

(iv) Professor of Hindustani Music, 1972 to 1981

(v) Dean, Faculty of Music and Fine Arts, 1972 to 1981

(vi) Provost, University Hostel for Women, 1973 to 1981

(vii) Chairperson, Delhi University Extension Service, 1980-81

Gave guidance to several Indian and foreign research scholars. Supervised the work of fourteen successful Ph. D. candidates and examined the theses of many others.

10. Other Assignments :

(i) Investigator-in-Charge, Centre for Cultural Resources and Training, New Delhi, from its inception in 1971 until 1979; Honorary Director, 1979 to 1981.

(ii) Visiting Professor, Kurukshetra University, March 1982.

(iii) Visiting Professor, Sangeet Research Academy, Calcutta, February 1983 and January 1985.

(iv) Producer (Emeritus), Akashvani and Doordarshan, for five years until December 1986.

(v) Emeritus Fellow, Department of Culture, 1987 to 1991.

11. Public Performances and Broadcasts :

For some fifty years, performing at All-India music conferences and for music circles and other functions. Among the few (especially women) artistes rendering the Dhrupad-Dhamar style in addition to other forms. A regular radio broadcaster, on home and external services, since April 1943. Apart from straight recitals, gave instructional talks, moderated discussions and devised special programmes. Also appeared on Delhi Doordarshan.

12. Delegations and Performances abroad :

(i) Kathmandu, Nepal : August 1972. Nominated by the Government of India to present a series of concerts.

(ii) Perth, Australia : August 1974. Nominated by the Government of India to participate in the XI International Conference on Music Education. Presented a paper and gave a concert and lecture-demonstration.

(iii) Breukelen, the Netherlands : October 1976. Participated in Musicultura–An East-West Encounter. Gave lecture-demonstrations and concerts there and at Amsterdam.

(iv) Mauritius : June 1978 and December 1979. Invited by the Mahatma Gandhi Institute and the University of Mauritius. Advised on the introduction of the B.A. (Hons.) course in Music and on its syllabus. Conducted examinations at the University. Gave concerts and lecture-demonstrations, and appeared on Mauritius Television.

(v) Tokyo, Japan : October 1981. Invited by the Asian Cultural Centre for Unesco to participate in an Expert Committee meeting. Also gave a stage performance.

13.Compositions :

Over fifty compositions in traditional format broadcast, published, performed and being taught to talented younger artistes. This is true also of *Stotras* and *Santavāṇī* set to music.

14. Honours :

(i) Fellow, Sangeet Natak Akademi (Elected 1979).

(ii) Diamond Jubilee Award, Bhatkhande Sangeet Mahavidyalaya, Lucknow.

(iii) Award for Eminence, Dhrupad Mela Samiti, Varanasi.

(iv) Award for Eminence, International Women's Year Committee.

(v) Parishad Samman for 1990, Sahitya Kala Parishad, Delhi.

15. Publications & Research :

(Some Prominent Titles only)

A. Books :

(i) *Aspects of Indian Music* (Ed.,) published by Sangeet Natak Akademi, New Delhi in 1987.

(ii) *The Bounty and Beauty of Hindustani Music* being published by Roli Books Pvt. Ltd. and expected to be out in 1996.

B. Research Papers :

(iii) *Bhāratīya Saṅgīta ; Eka Vijñāna* in Sangeet Kala Vihar in 1949.

(iv) *Bhārata Men Sāmudāyika Gāyana : Utpatti Evaṁ Vikāsa* in Sangeet Kala Vihar in 1952.

(v) *Saṅgīta Men Rasa* in Lakshya Sangeet in 1954.

(vi) *Music and Society* in Lakshya Sangeet in 1955.

(vii) *Saṅgīta ke cāra caraṇa* in Lakshya Sangeet in 1956.

(viii) *The Musical Aspect of Kāku* in Sangeet Natak Akademi Journal in 1970.

(ix) *Music in Indian Universities* : A paper presented at the Seminar held during International Conference on Music Education at Perth, Australia in 1974.

(x) *Aesthetical Matrix of Indian Musicology* : A paper presented in the Aesthetics Section of the World Philosophical Congress held at the University of Delhi in 1975.

(xi) *Bhāratīya Ekatā Kā Sūtra Saṅgīta* : A talk presented at AIR, New Delhi under its All India Programme of Radio Talks in 1975.

(xii) *Form And Style in Hindustānī Music* : A Paper presented in the *Musicultura- An East-West Music Encounter* organised at Breukelen, the Netherlands in 1976.

(xiii) *Prabandha And Dhrupada* : A paper presented at Sangeet Research Academy Seminar in 1983.

(xiv) *Tarānā Aura Cataraṅga Kī Utpatti Aura Vikāsa* : A paper presented at Sangeet Research Academy in 1986.

(xv) *Hindustānī Saṅgīta Men Rāgon Kā Sammiśraṇa* : A paper presented at the Silver Jubilee Seminar organised by Faculty of Music & Fine Arts, University of Delhi in 1986.

(xvi) *Dhrupada : Its Legacy And Dynamics in Aspects of Indian Music*, a Sangeet Natak Akademi Publication in 1987.

(xvii) *The Problems of Present Day Music Education : Transition From Oral To Institutionalized Training* : A paper presented at the Sangeet Natak Akademi Seminar held in April, 1988.

(xviii) Special address delivered on the occasion of the ceremonial function of Dr. Sushma Kulshreshtha's book entitled *Kālidāsa-Sāhitya Evaṁ Paśu-Pakṣi-Saṅgīta* released by the then Hon'ble Vice President of India Dr. Shankar Dayal Sharma at Uparashtrapati Niwas on 18th January, 1990.

(xix) *Aesthetical Matrix of Indian Musicology* in *Saṁskṛta-Saṅgīta-Vaijayantī(Studies In Sanskrit And Musicology)*, Smt. Kamlesh Kumari Kulshreshtha Commemoration Volume in 1991.

(xx) Special address delivered on the occasion of the ceremonial function of Dr. Sushma Kulshreshtha's book entitled *Saṁskṛta-Saṅgīta-Vaijayantī* (*Studies in Sanskrit And Musicology*) Smt. Kamlesh Kumari Kulshreshtha Commemoration Volume launched by Prof. A.P. Mishra (Ex. Vice- Chancellor, University of Allahabad and Recipient of President's certificate of Honour) at India International Centre on 23.11.91 (Smt. K.K. Kulshreshtha's 70th Birth Anniversary).

(xxi) *Fountain-Head of Divine Ecstasy (Rasika-Śrī Svāmī Haridāsa) in Prabhākara-Nārayaṇa- Śrīḥ* (Studies In Indology And Musicology), Dr. Prabhakar Narayan Kawthekar Felicitation Volume in May, 1993.

(xxii) Contributed Reviews of a number of books on Music and Musicology.

(xxiii) Recorded and composed Forewords on a number of books on Musicology and Indology.

DELHI ■ Abha

Anantacaturdaśī

26.10.1996

EXCERPT-EMBELLISHMENT

(Glimpses from the Press)

Mukul Dube

Times of India, Delhi, December 1969 :

The two-day concerts in memory of Ustad Faiyaz Khan and Vilayat Hussain Khan...concluded...on Monday. The participants were Yunus Khan, Sumati Mutatkar, Sharafat Hussain Khan, Sarvajeet and Veena Chopra.

Dr. Sumati Mutatkar sang Alap and Dhamar in Sindhura. The choice of the raga was judicious. And it was correctly unfolded through adept and unrelaxed emphasis on its key-phrases.

Sunday Statesman, Delhi, 30 November 1975 :

Sumati Mutatkar's Hindi talk on music as an important factor in India's cultural unity was interesting and well articulated. She is a good broadcaster, and one recalls the delightful illustrated talks on music she gave in the children's programme some months ago.

Indian Express, Delhi, 1 December 1975 :

Dr. Sumati Mutatkar, Head of the Department of Music in Delhi University, and formerly associated with AIR, gave what can easily be rated as the best talk in the series "Ekta ke sootra". She rightly avoided the pompous, erudite style adopted by previous speakers and chose...an informal mode of delivery to bring out the essential unity that runs through our entire musical tradition...

"Shruti", **Hindustan Times,** 8 January 1977 :

AIR's National Programme on the New Year's Day broadcast a recital of dhrupad and dhamar... by Dr. Sumati Mutatkar... It is somewhat rare to hear ladies singing these major forms of our traditional music. Her delineation of ragas Jaijaivanti and Shahana was scholarly and majestic. The application of *meend* and *gamaks* with intricate rhythmic movements was illuminating.

Sunday Statesman, Delhi, 4 March 1979 :

Sumati Mutatkar's Alap, Dhrupad and Dhamar in "Chandrakauns"...was a good one hour's enjoyable music (February

28). She is the only woman who can sing in this style with full command...and one was impressed by her Gamakas in Mandra, lower key.

Sunil Bose, **Hindustan Times,** 23 June 1980 :

A much-publicised programme on the Agra gharana was broadcast in AIR's National Programme last week. It was produced by Sumati Mutatkar - a noted exponent of the Agra gharana gayaki.

Dr. Mutatkar deserves praise for her imaginative and scholarly treatment of the subject,... associating (the gharana's) origin with the Dhrupad-Dhamar maestro Mian Sujan Khan, a contemporary of Tansen.

Statesman, Delhi, 9 November 1980 :

Sumati Mutatkar's slow and fast khayals in the morning Ramkali were also typical of the Agra gharana. Her singing was reposeful, particularly in the "baḍhat" of the slow sthayee. The short but well phrased tanas in the fast Teentata were well conceived (November 6).

"Vigilante", **Sunday Statesman,** Delhi, 28 December 1980 :

Dr. Sumati Mutatkar's Jaidev Ashtapadi "Madhave Sakhi Madhave", a colourful tappa and a traditional hymn on Lord Shiva, all sung in Bhairavi, in the morning transmission of December 26 was a welcome change from the usual recitals of 30 minutes each...Her recitals offer an intelligent cross-section of Hindustani Music from Dhrupad-Dhamar to Khayals, Tappa, Thumri, Bhajans and Sanskrit hymns.

Sunday Statesman, Delhi, 20 June 1982 :

Sumati Mutatkar's Laxmi Todi (broadcast on 15 June) was of a rare variety. She rendered it with great care. The dhrupad in Chautal and a Sadra in Jhapatal were both pleasing.

Sunday Statesman, Delhi, 26 September 1982 :

Dr. Sumati Mutatkar's feature on Pandit Vishnu Narayan Bhatkhande revealed the genius in him and his immense service in reviving and restoring the lost traditions and the wealth of Hindustani music.

Sunday Statesman, Delhi, 14 November 1982 :

Dr. Sumati Mutatkar's vocal recital in Lakshmi Todi at the Radio Sangeet Sammelan could be (de)scribed as one of her best in recent times.

Sunday Statesman, Delhi, 25 August 1985 :

Glowing tributes were paid to the late Siddheshwari Devi of Benares on Friday evening....

The highlight of the evening's programme was Dr. Mutatkar's singing of the traditional thumri compositions of Benares in raga Desh rendered with seasoned musicianship and good understanding of its lyrical contents and the form....

Prakash Wadhera, **Patriot,** 23 February 1986 :

Senior musicians who are revered for their ripe knowledge and who, despite obvious limiting factors, are yet able to keep their voice in good shape, must be made of sterner stuff....

These qualities were amply visible in Sumati Mutatkar's recital in (the) Dhrupad Society's second concert at Kamani on Friday. It was only fitting that she should give us some lesser known, out of the common run of ragas. And this she did. She started with alap and dhrupad followed by a dhamar in Gauri of the Bhairav 'ang'. Sumati Mutatkar wields a commanding voice and presents a detached and accurate study of the raga. She carried her dhrupad composition through all its four parts, sthai, antara, sanchari and abhoga, something rare these days. She gave us music that was authentic and in correct technical posture.

Hindustan Times, 24 February 1986 :

Profundity in *raga, tala and laya,* apart from other techniques was writ large on the vocal recital of Dr. Sumati Mutatkar on the second evening of the second Dhrupad Samaroha... Her 90 minute rendition of alapa and dhamar composition in Gauri and Jaijaiwanti had tremendous listener interest. This impact of Nauharbani and the Agra gayeki in dhrupad-dhamar was discernible throughout.... Her performance was indeed dhrupad-dhamar singing at its best....

Raghava R. Menon, **Times of India,** Delhi, 3 March 1986 :

Sumati Mutatkar's Raga Gowri was rendered with forthrightness and command that revealed Dhrupad-Dhamar's structural beauty and rhythmic subtlety. The twelve beat Chautal which began " Naad jyoti jagata magat" was sung with canny grace and inventiveness and the Dhamar that followed "Kaise ho khilari tum Mohan" was laced with enchanting metrical felicity.

P.S. Pimpalgaonkar, **Nagpur Times Magazine,** 20-27 July 1986 :

Dr. Sumati Mutatkar has (a) thorough grasp over the Dhrupad- Dhamar style....There is profundity in her rendering....(She) sings Khayal, Thumri, Tappa with the same ease and felicity....

Sunday Statesman, Delhi, 21 September 1986 :

The programme to mark the 50th death anniversary of the late Pandit Bhatkhande (September 18) was a befitting homage to his musical genius and labour in reviving and systematizing Hindustani classical music...Dr. Sumati Mutatkar must have put in a lot of hard work and intensive research in preparing this hour-long programme.

Sunday Statesman, Delhi, 16 November 1986 :

The Sangeet Patrika of November 9 was, besides being informative, thought provoking as well since Dr. Sumati Mutatkar's discourse on Raga-Mishran.... was well-researched and methodically presented....The highlight of her discourse was the introduction to various forms of the Kanadas most of which she demostrated with good effect.

Madhumati Maitra, **Telegraph,** 20 January 1987 :

The highlight of the third session of S.R.A.'s Seminar....was the delightful improvisational discourse of Dr. Sumati Mutatkar....her consistent cross-references to literature and, especially, the allusion of Kalidasa's celebrated sequence of metaphors on the Ganga-Jamuna confluence, led to an absorbing and personal ambience.

It was, however, the final music session that created the crowning effect, as she delineated the subtleties of compound *ragas*....Dr. Mutatkar further enthralled the audience with another session of rare *ragas* and some really golden compositions....

Jitendra Pratap, **Statesman,** Delhi, 25 January 1987 :

(At the Sangeet Research Academy's seminar on *raga*) Dr. Sumati Mutatkar's inaugural speech set the ball rolling....She certainly was the guiding spirit of this seminar, eighth in the series. It was (in) a lucid and ....methodical manner (that) she introduced the different topics and steered the discussions....Dr. Mutatkar's lecture-demonstrations, besides being highly instructive, captivated the hearts of one and all present at (the) seminar.

Vidya Rao, **Sunday Observer,** Delhi, 9 October 1988 :

Nadmandal's three-day festival....to celebrate the birth anniversary of the saint-musician, Swami Haridas,....began ....with, appropriately, two *dhrupad* recitals by Sumati Mutatkar and K.G. Ginde. Mutatkar sang a composition of Swami Haridas set to Ramdasi Malhara...There is something warm and deeply moving about Mutatkar's singing. There is of course the correctness of both *raga* and form. She is one of the leading exponents of *dhrupad,* and is in addition a great teacher and musicologist. All this is evident in her singing, but there is also that warmly personal quality that is uniquely hers and which immediately endears her to the listener. Her singing brings out the grandeur and weight of *dhrupad,* the strong unwavering notes, the clean sweeping meends.

R.N. Varma, **Hindustan Times,** 9 October 1988 :

Eminent musicologist-artiste Dr. Sumati Mutatkar has rightly observed : "Among the saints and seers who sang their way to Divine Ecstasy, Nada-Yogi Swami Haridas occupies an exalted position." And, quite appropriately, the concert commenced with an impressive vocal recital by Dr. Mutatkar who is today one of the country's best exponents of Dhrupad. Appropriately, because in Swami Haridas's times, prabandha and dhrupad were the principal modes of classical music... Dr. Mutatkar did well in opening her recital with an ancient dhrupad composition of the saint ("Naachat moar....") in Ramdasi Malhar, although the original is said to have been rendered by Swami Haridas in Gaud Malhar....It was a profound rendition of a profound composition, complete with sthai, antara, sanchari and abhoga....

Susheela Misra, **Times of India,** Lucknow, 16 November 1988 :

The choice of Dr. Sumati Mutatkar to deliver this year's Thakur Jaidev Singh Memorial Lecture has a special propriety because she has had over 45 years of contact with him ever since her guru, Dr. Ratanjankar, introduced her (when she was a student in Lucknow) to Thakur Saheb ....Dr. Mutatkar is perhaps the only woman exponent of the arduous and 'masculine' Dhrupad-Dhamar forms which....are sadly being neglected now....

Having acquired a vast collection of Dhrupads, Dhamars, Khayals, Sadras, Taranas, etc., from her gurus like Dr. Ratanjankar, Pt. Raja Bhaiya Poonchwale, and Ustad Vilayat Hussian Khan, she is an abundantly qualified scholar to evaluate these ancient compositions as repositories of true *raga-roopa.*

Hindustan Times, 24 September 1989 :

At week-end (Sept.16), high class music was heard in AIR's National Programme, when eminent vocalist Dr. Sumati Mutatkar rendered a rare form of alapa in a rara raga called Khamaj-thaat-ki-Durga....It was (an) elaborate alapa with pakhawaj accompaniment at the madhya-laya stage of the "jor"....an ancient form, almost forgotten but quite pleasing, enriching the rhythmic aspects of *alapachari.*

R.N. Varma, **Hindustan TImes,** 23 August 1992 :

The (Bade Ghulam Ali Khan Yaadgar) Sabha felicitates a leading artiste every year, and the choice at the 24th Utsav fell on Dr. Mutatkar, a thoughtful decision....

Dr. Mutatkar is an eminent exponent of khayal and dhrupad alike, though for the past many years, she has concentrated on dhrupad-dhamar in her perfomances. She opened her recital, the opening item of the festival, with a very able rendition of Nat Bhairav....Her elaborate alapa was a scholarly presentation of the raga. An unusual feature was a brief spell of saragamas during alapa, whereafter she rendered one of her own compositions in this raga, richly embellishing it were impressive bol-baants.

Raghava R. Menon, **Times of India,** Delhi, 18 August 1992 :

Dr. Sumati Mutatkar opened the session with Dhrupad and Dhamar. Mutatkar's style is a monolith carved out of one living stone, the impeccable inheritance of the Agra gharana. Her enunciation, her powerful no-nonsense voice, has a richness, timbre and allure of a rare texture which nothing is able to tire or diminish.

Jitendra Pratap, **Pioneer,** Delhi, 18 Agust 1992 :

The inaugural concert.....featured Dhrupad-Dhamar recitals by Dr. Sumati Mutatkar and Ustad Rahim Fahimuddin Dagar....Dr. Mutatkar's renderings in Nat-Bhairav, Shukla Bilawal and Mian-ki-Sarang *ragas* were methodic and compact....

Dr. Mutatkar has imbibed the best of the *Agra gharana* and the Gwalior *gharana*. However, it is her understanding and good command over the dhrupad-dhamar idiom which gives her further status as a musician in addition to her being an authoritative exponent of the *khayal* idioms of Agra and Gwalior.

NEW DELHI — M.D.

10.10.1992

ACHARYA DR. JAGDISH SAHAI KULSHRESHTHA
A BRIEF BIOGRAPHICAL SKETCH

Nil Ratna Sinha

Day, Date & Place of Birth (U.P).	:	Wednesday, the 7th July, 1920 in Jhansi (*Prathama Śrāvaṇa Kṛṣṇa Ṣaṣṭhī*, 1977, *Vikrama Saṁvat*).
Grandparents	:	Shri Tika Ram and Smt. Ram Pyari Devi.
Parents	:	Shri Jiyalal Kulshreshtha and Smt. Sukhdevi Kulshreshtha.
Consort	:	Smt. Kamlesh Kumari Kulshreshtha.
Permant Address	:	Manika-Dhawal KC/12 B, Ashok Vihar, Delhi-110052.
Phone Res.	:	7120287

EDUCATIONAL QUALIFICATIONS

Passed all Examinations of Music Vocal, Music Instrumental and Dance in Ist Division.

1. B.Mus. (Sangit Visharad) Vocal, 1940, Tansen Sangit Vidyalaya, Gwalior.
2. Diploma in Music Vocal, 1941, U.P. Board, Allahabad.
3. Diploma in Music Instrumental, 1942, U.P.Board, Allahabad.
4. M.Mus. (Sangit Bhaskar) Vocal, 1942, Tansen Sangit Vidyalaya, Gwalior.
5. B.Mus.(Sangit Visharad) Vocal, 1943, Bhatkhande University of Indian Music, Lucknow.
6. B.Mus.(Sangit Visharad) Vocal, 1945, A.B. Gandharva Mahavidyalaya Mandal, Bombay.
7. M.Mus.(Sangit Alankar) Vocal, 1947, A.B.Gandharva Mahavidyalaya Mandal, Bombay.
8. B.Mus. (Sangit Visharad) Instrumental, 1949, A.B. Gandharva Mahavidyalaya Mandal, Bombay.

9. Senior Diploma Dance, 1952, Prayag Sangit Samiti, Allahabad.
10. B.A. (English, Hindi, Economics & Music), 1957, Agra University.
11. D.Mus.(Doctor of Music), 1965, A.B. Gandharva Mahavidyalaya Mandal, Bombay.
12. Ācārya (Honoris Causa), 1966, Bharatiya Sangit and Lalit Kala Vidyapeetha, Kanpur.
13. Saṅgītakulamukuṭamaṇi (Honoris Causa), 1981, Maharshi Premachyuta, Purna Bhakti Dharma Sabha, Shri Saket Dham, Distt. Solan, P.O. Garkhal (H.P.).

MUSICAL TRAINING

Undertook training in all the three branches of Music *viz.*, Vocal, Instrumental & Dance under the feet of the following renowned *Gurus* :

VOCAL

1. Pt. Raja Bhaiyya Poonchwale, Principal, Madhav Music College, Gwalior.
2. Ustad Zamiruddin Khan of Calcutta.
3. Ustad Massu Khan of Ujjan.
4. Pt. L.N. Gune, Vice Principal, Madhav Music College, Gwalior.
5. Pt. Bholanath Bhatt of Allahabad.
6. Pt. N.R. Joshi of Allahabad.
7. Pt. Lakshman Prasad of Jaipur.
8. Master Manhar Barve of Bombay.
9. Pt. V.K. Purandare, Sanchalaka, Chatur Sangit Vidyalaya., Jhansi.

TABLA

10. Ustad Parshadi Lal of Jhansi.
11. Shri Madho Singh of Gwalior.

HARMONIUM

12. Prof. K.K. Mukherjee (Nilu Babu), Professor of Music, Allahabad University.
13. Prof. Beni Prasad Srivastava (Bhaiji) of Allahabad.
14. Shri Ram Prasad Panda of Datia.
15. Shri Ganeshi Lal of Nepal.

DANCE

16. Pt. Ram Sharan of Allahabad.
17. Guru Kanhaiya Lal of Jaipur.

PROFICIENCY IN LANGUAGES.

Command over English, Hindi, Urdu.

Working knowledge of Sanskrit, Marathi, Punjabi.

PARTICIPATION IN COMPETITIONS : SHIELDS, GOLD & SILVER MEDALS, PRIZES & LAURELS WON

Recipient of more than 100 gold and silver medals and more than 50 silver cups in All India and Provincial Music Competitions & Conferences.

Participated and always stood first in a number of All India and Provincial Music Competitions to name a few only :

1. All India Music Competition, Mathura in 1933.
2. All India Music Competition, Agra College, Agra in 1934.
3. All India Music Competition, Allahabad University, Allahabad in 1934.
4. Provincial Music Competition, Govt. Training College, Agra in 1934.
5. All India Music Competition, Prayag Sangit Samiti, Allahabad in 1935.
6. Provincial Music Competition, Govt. Training College, Agra in 1935.
7. All India Music Competition, Muzaffarpur in 1936.
8. All India Music Competition, Allahabad University, Allahabad in 1936.
9. All India Music Competition, Agra College, Agra in 1936.
10. Provincial Music Competition, Govt. Training College, Agra in 1936.
11. All India Music Competition, Prayag Sangit Samiti, Allahabad in 1937.
12. All India Music Competition, Agra College, Agra in 1938.

POSITIONS HELD

1. Music Teacher, Prabhat Movietone College, Dadar, Bombay (1939-1940).
2. Music Teacher, Kayastha Pathshala, Allahabad (1941-1942).
3. Music Teacher, Christian High School, Jhansi (1942-1943).
4. Lecturer in Music , N.R. E. C. College, Khurja (1943-1945).
5. Lecturer in Music, Govt. Inter College, Jhansi (1945-1952).
6. Propaganda Officer, Education Expansion Department & Music Director, Films Division, U.P.Govt., Allahabad (1952-1957).
7. Lecturer in Music, Govt. College, Almora (1957-1960).

8. Lecturer in Music, Govt. Training College, Varanasi (1960-1961).
9. Head of the Music Deptt., The Scindia School, Gwalior (1961-1964).
10. Principal, J.& K. Institute of Music & Fine Arts, Jammu (Jammu & Kashmir) (1964-1966).
11. Head of the Music Deptt., Birla Vidya Mandir, Nainital (1967-1971).
12. Head of the Music & Dance Deptt., The Lawrence School, Sanawar (Simla Hills) (1972-1982).
13. Director, Cultural Deptt., Shivalik Public School, Mohali, Chandigarh (1982-1984).
14. Head of the Music Deptt., New Era Public School, Mayapuri, New Delhi (1984-1986).
15. Principal, Rukmini Devi Lalit Kala Kendra, Pitampura, Delhi (1986-1988).
16. Principal, Ravindra Music & Dance Institute & Music Director, Ravindra Public School (Near T.V. Tower), Delhi (1989- ,Continuing).

OTHER POSITIONS HELD

1. Approved artist of All India Radio.
2. Member, Audition Committee, All India Radio, Jammu and Simla.
3. Member, Himachal Education Board, Simla.
4. Expert, Selection Committee for Artists and Music Composers, All India Radio, Jammu & Simla.
5. Music Adviser, Punjabi Natak Academy, Amritsar and Chandigarh.
6. Nominated Member of the Music & Dance Committee of Himachal Pradesh School Board.
7. Acted as Judge in a number of All India and Provincial Music and Dance Competitions and in Competitions organised in different Universities and in Competitions organised by All India Radio, Simla.
8. Head Examiner, Paper Setter & Practical Examiner of different Boards, Music Institutions and Universities of India (High School to Ph. D. Examinations).
9. Selected to write and compose books on Music---Vocal and Instrumental, to be prescribed in all the schools (Class 1-X) of Himachal Pradesh by the Education Department of H.P.
10. Expert, Selection Committee for the posts of Music Composers and Staff Artists, All India Radio, Jammu & Simla.

SOME REMARKABLE ACHIEVEMENTS

1. The famous recording company 'His Master's Voice' made Master Jagdish's commercial record of Classical Vocal Music (Record No. N.6339) when he was only ten years old. In that record, he sang *Rāga Pūrvī* and *Rāga Bhīmapalāsī* with such grace, efficiency and purity that the company highly lauded the child singer in its introductory leaflet thus :

"मास्टर मौसूफ़ ने दस वर्ष की उम्र में वह कमाल हासिल किया है कि बड़े बड़े कुहनसाल और बूढ़े बूढ़े अहले-फ़न अंगुश्त-बदन्दाँ हैं । बाल अवस्था में राग-विद्या में उस्तादाना महारत पैदा करना हर कसोनाकस का काम नहीं, क्योंकि—

ई असादत बज़ोरे-बाज़ू नेस्त

ता न बख्शद ख़ुदाए-बख्शन्दी ।

आपने रिकॉर्ड में हज़ा की दोनों चीजें ऐसी कामयाबी और पुख़्तगी से गाई हैं कि आप पर किसी पुराने रागी और उम्र-रसीदा गन्धर्व का गुमान होता है—और उस पर तुर्रा यह कि राग की बारीकियों को अपनी रसीली, कोमल और सुन्दर आवाज़ के साथ ऐसी ख़ूबसूरती से वज़ा किया है कि सामिईन के मुँह से बेसाख्ता 'वाह-वाह' निकल जाती है । अलावा अजीं, लैकारी के वह वड़ जौहर दिखाये हैं कि तारीफ़ नहीं की जा सकती । हमें उम्मीद है कि मूसीक़ी के दिलदादा और रागदारी पर मिटे हुए हज़रात इस रिकार्ड की दिल से कद्र करेंगे । हमारी दुआ है कि परमात्मा इस होनहार मूसीकार को नज़रे-बद से महफ़ूज रखे और आइन्दा इस फ़न में तरक्की करने की हिम्मत बख्शे, आमीन ।"

The Managing Director of the recording company gave a statement that a record of Classical Music of such a small child artist was never made before. This news created sensation in the music world at that time.

2. At the tender age of 7, child Jagdish began to impart training to ladies to play on Harmonium. In those days, ladies of the town used to learn playing on the Harmonium the tunes of the songs of their choice. Child Jagdish used to get 2 paisas per sitting and rejoiced. Immediately, he used to rush to the sweet-seller Pannalal's shop and get one *Chatak* of *Rabadi* for 2 Paisas. *Rabadi* was his favourite sweet dish in those days. Later, at the age of 8, he used to get 4 paisas (an anna) per sitting. At the age of 9, he was the tutor of the wife of Shahar Kotwal of Jhansi. He used to go to the residence of Shahar Kotwal inside the Kotwali to give lessons in music to his wife. He used to get Rs. 5/= P.M. as honorarium in those days. Later, at the age of 10, he used to get Rs. 10/= P.M. as honorarium for training his students.

3. At the age of 12, he was invited to teach the girl students of Arya Kanya Pathashala, Jhansi. He readily accepted the offer and started teaching music to the girl students (Class III-VIII) of that Institution.
4. It was in 1933 that Master Jagdish Sahai sang in public for the first time in All India Music Competition organised at Mathura. He was about 13 years old. The Music-lovers were wonder-struck to listen to child Jagdish. His performance was praised in English daily newspapers. He was awarded Gold Medal also for standing First in the competition.

PARTICIPATION & PERFORMANCE IN CONFERENCES

Participated and performed in a number of All India Conferences. A few are cited:

1. All India Music Conference, Jhansi in 1940.
2. All India Music Conference, Banda in 1941.
3. All India Music Conference, Bulandshahr in 1942.
4. All India Music Conference, Kanpur in 1943.
5. All India Music Conference, Meerut in 1944.
6. All India Music Conference, Aligarh in 1945.
7. All India Music Conference, Fatehpur in 1946.
8. All India Music Conference, Saharanpur in 1947.
9. All India Music Conference, Orai in 1948.
10. All India Music Conference, Gorakhpur in 1949
11. All India Music Conference, Rai Bareily in 1950.

HARMONIUM SOLO RECITALS

Gave Harmonium Solo Recitals in a number of All India Music Conferences and functions organised at different places. Was on many occasions, accompanied on Tabla by India-famed Tabla-wizards *viz.:*

1. Ustad Ahmed Jan Thirakva of Rampur.
2. Shri Parbat Singh of Gwalior.
3. Pt. Anokhe Lal of Varanasi.
4. Pt. Samta Prasad 'Gudain Maharaj' of Varanasi.
5. Maharaj Kadaun Singh of Banda.
6. Shri Vijay Singh of Gwalior.

7. Shri Madhav Singh of Gwalior.
8. Ustad Ramzani of Kalpi.
9. Prof. Sudhir Saxena of Baroda.
10. Pt. Kumar Lal of Varanasi.
11. Pt. Kailash Lal of Varanasi.
12. Shri Ujagar Singh of Chandigarh.
13. Ustad Habibuddin of Meerut.

PROVIDED ACCOMPANIMENT ON HARMONIUM.

Provided accompaniment to the following renowned artists on Harmonium in the All India Music Conferences held at different places :

1. Saṅgītamārtaṇḍa Pt. Omkar Nath Thakur of Surat.
2. Ustad Rajjab Ali Khan of Dewas.
3. Pt. Narayan Rao Vyas of Bombay.
4. Pt. V.N. Patwardhan of Poona.
5. Pt. Kumar Gandharva of Bombay.
6. Pt. Raja Bhaiyya Poonchwale of Gwalior.
7. Smt. Girija Devi of Varanasi.
8. Smt. Nirmala Arun of Bombay.
9. Pt. Krishna Rao Shankar Pandit of Gwalior.
10. Ustad Massu Khan of Ujjain.
11. Pt. Lakshman Prasad of Jaipur.
12. Smt. Malavika Kanan & Shri Kanan of Calcutta.
13. Ustad Adil Khan of Jhansi.
14. Smt. Tara Devi of Varanasi.
15. Pt. Bala Bhao Umadekar of Gwalior.
16. Pt. S.S. Bodas of Kanpur.
17. Pt. N.L. Gune of Gwalior.
18. Pt. Bholanath Bhatt of Allahabad.
19. Pt. V.N. Thakar of Allahabad.
20. Pt. Chandra Shekhar Pant of Almora.
21. Prof. Maharaj Kishore Kapoor of Dehradun.

COMPETITIONS ORGANISED

1. Jhansi Local Schools' Music Competition, 1941
(Christian High School, Jhansi).
2. Music Competition, 1942
(Bundelkhand Movietone Ltd., Jhansi).
3. Music Competition, 1943
(N.R.E.C. College, Kl.urja).
4. R.B. Chaman Lal Music Competition, 1944
(N.R.E.C. College, Khurja).
5. Provincial Music & Dance Competition, 1945
(Govt. Inter College, Jhansi).
6. Music & Dance Competition, 1946
(Chitragupta Sabha, Jhansi).
7. Provincial Music & Dance Competition, 1947
(Govt. Inter College, Jhansi).
8. Music & Dance Competition, 1948
(Bundelkhand Sangeet Vidyalaya, Jhansi).
9. Provincial Music & Dance Competition, 1948
(Govt. Inter College, Jhansi).
10. Provincial Music & Dance Competition, 1949
(Govt.Inter College, Jhansi).
11. Faiyyaz Bahadur Khan Provincial Music Competition, 1950
(Govt. Inter College, Jhansi).
12. S.K. Ghosh Provincial Music & Dance Competition, 1951
(Govt. Inter College, Jhansi).
13. Dr. Ibadur Rehman Khan Provincial Music & Dance Competition, 1952
(Govt Inter College, Jhansi).
14. B.N. Jha Provincial Music & Dance Competition, 1953
(Govt. Inter College, Jhansi).
15. Summer Festival Music Competition, 1958
(Municipal Board, Almora).
16. Summer Festival Music Competition, 1959
(Municipal Board, Almora).
17. Boat House Club Music Competition, Nainital, 1970

18. Boat House Club Music Competition, Nainital, 1971

ALL INDIA, PROVINCIAL & OTHER CONFERENCES ORGANISED

1. All India Music Conference, Jhansi, 1940
2. All India Music Conference, Banda, 1941
3. Music Conference, N.R.E.C. College, Khurja, 1944
4. F.B. Khan Provincial Music Conference, 1950 (Govt. Inter College, Jhansi).
5. S.K.Ghosh Provincial Music Conference, 1951 (Govt. Inter College, Jhansi).
6. Dr. Ibadur Rehman Provincial Music Conference, 1952 (Govt. Inter College, Jhansi).
7. B.N. Jha Provincial Music Conference, 1953 (Govt. Inter College, Jhansi).
8. Summer Festival Music Conference, 1958 (Municipal Board, Almora).
9. Summer Festival Music Conference, 1959 (Municipal Board, Almora).
10. Music Conference, The Scindia School, Gwalior, 1962
11. Music Conference, Boat House Club, Nainital, 1970
12. Music Conference, Boat House Club, Nainital, 1971
13. Summer Festival, H.P.Govt., Solan, 1976

RADIO TALKS & LECTURE-CUM-DEMOSTRATIONS

Broadcast a number of 'Illustrated Talks' on different topics of Music from All India Radio, Simla. Gave a number of Lecture-cum-demostrations at different places.

FOUNDED MUSIC INSTITUTES

Founded the following Institutions of Music & Dance :

1. Bundelkhand Sangeet Vidyalaya, Jhansi on 3rd March 1947.
2. Sangeet Kala Niketan, Jhansi on Ist May, 1951.
3. Bharatiya Sangeet Sansthan, Nainital on Ist March, 1971.
4. Himachal Music College, Kasauli (Simla Hills) on Ist January, 1981.

DIRECTION OF MUSIC IN U.P. GOVT. DOCUMENTARY FILMS

Directed Music (Songs, Folk-songs, Classical songs and Dances) of eleven Documentary Films produced by the Films Division of U.P. Government. To name a few :

1. Uttara Pradeśa ke Tīrtha Sthāna
2. Varṣāmaṅgala, Part I & II
3. Bandhanamukta Bandīgṛha
4. Cūḍiyān
5. Bee-Keeping

DIRECTION OF MUSIC OF THE AUDIO CASSETTE OF MEGHADUTA OF KALIDASA

Directed Music of the complete *Meghadūta* of Kālidāsa. Delhi Sanskrit Akademi made audio musical Cassette of three hours (the longest ever of any Sanskrit text) of the complete *Meghadūta* under his music direction. In this musical Cassette, music is composed in six *rāgas* of North Indian music *viz., Miyānmalhāra, Hiṇḍola, Bahāra, Aḍānā, Nārayaṇī* and *Khambāvatī*. Accompaniment on all the four types of following instruments has been provided in this Cassette: *Svaramaṇḍala, Svaravīṇā, Sitar, Sarod, Sāraṅgī, Harmonium, Mṛdaṅga, Vaṁśī, Karatāla, Ghaṇṭikā & Kṣudraghaṇṭikā*. This audio cassette of *Meghadūta* was released by Prof. Vijay Kumar Malhotra on 18th December,1993.

COMPOSITION & DIRECTION OF ORCHESTRAS

Composed and directed more than 100 orchestras in different Schools and Colleges. His orchestras comprised fifty players at the most and twenty different musical instruments at the maximum.

MUSICAL COMPOSITIONS

Set to music thousands of compositions which have been published in his books, Journals, Felicitation & Commemoration Volumes and presented by him and his disciples in music concerts all over India.

INITIATION OF DISCIPLES

Initiated to and trained in Music more than ten thousand disciples out of whom more than 500 of his disciples are occupying very important positions in the country and abroad at present.

PREPARATION OF AUDIO & VIDEO TAPES

Under the auspices of Kalidasa Academy of Sanskrit Music & Fine Arts, he is preparing a number of audio & video tapes of the rare musical compositions which he has inherited and learnt from his *gurus*. He has a golden treasure of more than 100 rare musical compositions which will see the light of the day in published form as *'Saṅgīta-Ratna-Śatī'* in near future.

MUSICAL RENDITION OF THE WORKS OF KALIDASA

Working on a Project of composing music of all the seven world-famous works of Kālidāsa which are being published under the series *'Kālidāsa-Saṅgīta-Mañjarī'*. Two volumes of this series have been brought out :

1. Meghadūta-Saṅgīta-Pallavī, 1990.
2. Ṛtusaṁhāra-Saṅgīta-Surabhiḥ, 1992.

The following five volumes are either under print or preparation :

3. Kumārasaṁbhava-Saṅgīta-Dhavalaśrīḥ
4. Raghuvaṁśa-Saṅgīta-Dipaśikhā
5. Vikramorvaśīya-Saṅgīta-Mohinī
6. Mālavikāgnimitra-Saṅgīta-Ābhā
7. Abhijñānaśākuntala-Saṅgīta-Aruṇaśrīḥ

RESEARCH & PUBLICATIONS

Constantly engaged in research, compositions and publications for the last fiftyfive years. Published seventy books and hundreds of musical compositions and a number of research papers in reputed Journals, Felicitation & Commemoration Volumes.

BIBLIOGRAPHY OF THE PUBLISHED WRITINGS OF PROFESSOR JAGDISH SAHAI KULSHRESHTHA BOOKS ONLY

1943

1. Saṅgīta-Kuñja-Part I (Hindi), Asha Kamal Prakashan, Khurja (U.P.).
2. Saṅgīta-Kuñja-Part I (Urdu), Asha Kamal Prakashan, Khurja (U.P).

1944

3. Saṅgīta-Kuñja-Part II (Hindi), Asha Kamal Prakashan, Khurja (U.P).
4. Saṅgīta-Kuñja-Part II (Urdu), Asha Kamal Prakashan, Khurja (U.P.).
5. Saṅgīta-Kuñja-Part III (Hindi), Asha Kamal Prakashan, Khurja (U.P.)
6. Saṅgīta-Kuñja-Part III (Urdu), Asha Kamal Prakashan, Khurja (U.P.).

1945

7. Saṅgīta-Kiśora (Hindi), Sangeet Karyalaya, Hathras (U.P.).

1946

8. Saṅgīta-Śāstra (Hindi), Sangeet Karyalaya, Hathras (U.P.).

1953

9. Saṅgīta-Taraṅga-Part I (Hindi), Aggarwal Brothers, Allahabad (U.P).
10. Saṅgīta-Taraṅga-Part II (Hindi), Aggarwal Brothers, Allahabad (U.P.)

1954

11. Saṅgīta-Saurabha-Part I (Hindi), Bhargava Publishers, Lucknow (U.P.).
12. Saṅgīta-Vādanakalā-Part I (Hindi), Bhargava Publishers, Lucknow (U.P.)

1955

13. Saṅgīta-Saurabha - Part II (Hindi), Bhargava Publishers, Lucknow (U.P.).
14. Saṅgīta-Vādanakalā-Part II (Hindi), Bhargava Publishers, Lucknow (U.P.).

1963

15. Saṅgīta-Suṣamā (Hindi), Sangeet Kala Kendra, Jhansi (U.P.).
16. Saṅgīta-Śāstra-Prakāśa (Hindi), Kamal Pustak Sadan, Gwalior (M.P.).

1964

17. Saṅgīta-Suṣamā (Urdu), Kamal Pustak Sadan, Gwalior (M.P.).
18. Saṅgīta-Śāstra-Prakāśa (Urdu), Kamal Pustak Sadan, Gwalior (M.P.).

1968

19. Saṅgīta-Mañjarī (Hindi), Modern Book Depot, Nainital (U.P.).

1969

20. Sarala Gīta (Hindi), Modern Book Depot, Nainital (U.P.).

1973

21. Samūha-Gāna-Part I (Hindi), Shri Mahavir Book Depot, Delhi.

1974

22. Saṅgīta-Sudhā (Hīndi), Pitambar Book Depot, New Delhi.

1975

23. Vandanā-Saṅgīta (Hindi), Sangeet Karyalaya, Hathras (U.P.).

1976

24. Madhura-Gīta (Hindi), Bir Brothers, Solan (H.P.).

1977

25. Bhajana-Saṅgīta-Part I (Hindi), Bir Brothers Solan (H.P.).

1978

26. Saṅgīta-Surabhi (Hindi), Pitambar Book Depot, New Delhi.
27. Samūha-Gāna-Part II (Hindi), Bir Brothers, Solan (H.P.).
28. Śāstrīya-Saṅgīta-Part I (Hindi), Bir Brothers, Solan (H.P.).
29. Gazala-Saṅgīta-Part I (Hindi), Bir Brothers, Solan (H.P.).

30. Lokagīta-Saṅgraha-Part I (Hindi), Bir Brothers, Solan (H.P.).
31. Varṣā-Gīta-Saṅgraha-Part I (Hindi), Bir Brothers, Solan (H.P.).
32. Holi-Saṅgīta-Part I (Hindi), Bir Brothers, Solan (H.P.).
33. Śabada-Saṅgīta-Part I (Hindi), Bir Brothers, Solan (H.P.).
34. Śabada-Saṅgīta-Part I (Punjabi), Bir Brothers, Solan (H.P.).
35. Tarānā-Saṅgīta-Part I (Hindi), Bir Brothers, Solan (H.P.).
36. Indian Orchestra-Part I (Hindi), Bir Brothers, Solan (H.P.).
37. Dhrupada-Saṅgīta-Part I (Hindi), Bir Brothers, Solan (H.P.).
38. Ṭhumarī-Saṅgīta-Part I (Hindi), Bir Brothers, Solan (H.P.).
39. Text Book of Music (Vocal) (Hindi), Bir Brothers, Solan (H.P.).
40. Text Book of Music (Instrumental) (Hindi), Bir Brothers, Solan (H.P.).
41. Text Book of Music (Theory) (Hindi), Bir Brothers, Solan (H.P.).

1979

42. Samūha-Gāna-Part III (Hindi), Bir Brothers, Solan (H.P.).
43. Bhajana-Saṅgīta-PartII (Hindi), Bir Brothers, Solan (H.P.).
44. Śāstrīya Saṅgīta-Part II (Hindi), Bir Brothers, Solan (H.P.).
45. Śabada-Saṅgīta-Part II (Hindi), Bir Brothers, Solan (H.P.) .
46. Śabada-Saṅgīta-Part II (Punjabi), Bir Brothers, Solan (H.P.).
47. Holī-Saṅgīta-Part II (Hindi), Bir Brothers, Solan (H.P.).
48. Tarānā-Saṅgīta-Part II (Hindi), Bir Brothers, Solan (H.P.).
49. Indian Orchestra-Part-II (Hindi), Bir Brothers, Solan (H.P.).
50. Dhrupada-Saṅgīta-Part II (Hindi), Bir Brothers, Solan (H.P.).
51. Ṭhumarī-Saṅgīta-Part II (Hindi), Bir Brothers, Solan (H.P.).
52. Varṣā-Gīta-Saṅgraha-Part II (Hindi), Bir Brothers, Solan (H.P.).
53. Lokagīta-Saṅgraha-Part II (Hindi), Bir Brothers, Solan (H.P.).
54. Gazala-Saṅgīta-Part II (Hindi), Bir Brothers, Solan (H.P.).

1980

55. Bhajana-Saṅgīta-Part III (Hindi), Bir Brothers, Solan (H.P.).
56. Text Book of Music (Tabla) (Hindi), Bir Brothers, Solan (H.P.).
57. Indian Music-Part I (English), Bir Brothers, Solan (H.P.).
58. Indian Music-Part II (English), Bir Brothers, Solan (H.P.).

59. Saṅgīta-Prakāśa (Hindi), Himachal Pradesh Board of Education, Simla (H.P.).
60. Saṅgīta-Vādya-Vādana (Hindi), Himachal Pradesh Board of Education, Simla (H.P.).
61. Saṅgīta-Saritā (Hindi), Himachal Pradesh Board of Education, Simla (H.P.).

1982

62. Elementary Text Book of Music (Hindi), The English Book Shop, Chandigarh.

1983

63. School Orchestra-Part I (Hindi), The English Book Shop, Chandigarh.
64. School Orchestra-Part II (Hindi), The English Book Shop, Chandigarh.
65. Śabada-Kīrtana-Part I (Hindi), The English Book Shop, Chandigarh.
66. Śabada-Kīrtana-Part II (Hindi), The English Book Shop, Chandigarh.

1984

67. English Songs Book (English), Manchanda Traders, Chandigarh.

1990

68. Kālidāsa-Saṅgīta Mañjarī-1

    Meghadūta-Saṅgīta-Pallavī (Sanskrit, English, Hindi), Eastern Book Linkers, Delhi.

1992

69. Kālidāsa-Saṅgīta-Mañjarī-II

    Ṛtusaṁhāra-Saṅgīta-Surabhiḥ (Sanskrit, English, Hindi), Eastern Book Linkers, Delhi.

1994

70. Gems of Indian Music & Musicology (Sumati-Saṅgītābharaṇam) Prof. Sumati Mutatkar Felicitation Volume (English, Hindi, Sanskrit), Pratibha Prakashan, Delhi.

1996

71. Saṁskṛta-Saṅgīta-Ratnaśatī (Sanskrit, English, Hindi) Eastern Book Linkers, Delhi.
72. Saṁskṛta-Saṅgīta-Vaijayantīmālā (Sanskrit, English, Hindi) (under print).

1996 Onwards

(All volumes to be published by Eastern Book Linkers, Delhi)

73. Kumārasaṁbhava-Saṅgīta-Dhavalaśriḥ.
74. Raghuvaṁśa-Saṅgīta-Dipaśikhā.
75. Vikramorvaśīya-Saṅgīta-Mohinī.
76. Mālavikāgnimitra-Saṅgīta-Ābhā.
77. Abhijñānaśākuntala-Saṅgīta-Aruṇaśrīḥ.

MELBOURNE, VICTORIA, AUSTRALIA **□ Nil Ratna**
5.9.1996

PROF. SUSHMA KULSHRESHTHA

D.Phil.; D.Litt.; F.R.A.S. (London)
Visiting University Professor of Sanskrit
Ranchi University, Ranchi

* B.A. (1962) Ist class, Banaras Hindu University; M.A. Sanskrit (1964) Ist class Ist, Vikram University, Ujjain; D.Phil. (1969) Allahabad University; Diploma in Pali Language & Literature (1972) Ist position with Distinction, University of Delhi; Purāṇetihāsācārya (1981) Ist class, Sampurnanand Sanskrit University; D.Litt. (1989) Ranchi University.
* Teaching Sanskrit in Daulat Ram College & University of Delhi since 1966. Guiding M.Phil. and Ph.D. Scholars since 1970.
* Sponsored and nominated by ICHR, ICSSR, UGC, Deptt. of Culture, Ministry of HRD & ICCR, Govt. of India, participated, presented papers and organised panels in VI World Sanskrit Conference at Pennsylvania University, Philadelphia, USA in 1984, VII World Sanskrit Conference at Kern Institute, University of Leiden, the Netherlands in 1987, VIII Conference of the International Association of Buddhist Studies at University of California, Berkeley, USA in 1987, XXXIII International Congress of Asian and North African Studies at University of Toronto, Canada in 1990, VIII World Sanskrit Conference at University of Vienna, Austria in 1990 and IX World Sanskrit Conference at La Trobe University, Melbourne, Australia in 1994.
* Participated in 101 sessions of the World Sanskrit Conference, All India Oriental Conference, Indian Philosophical Congress, Akhila Bhāratīya Darśana Pariṣad, All India Kālidāsa Samāroha, U.G.C. Seminars and NCERT workshops and presented papers.
* **Books :**
  - i. Saṁskṛta-Gītāñjali, 1973.
  - ii. Bṛhattrayī : eka tulanātmaka adhyayana, 1983.
  - iii. Kālidāsa-sāhitya evaṁ Vādana-kalā, 1986.

iv. Kālidāsa-sāhitya evaṁ Saṅgīta-kalā, 1988.
v. Kālidāsa-sāhitya evaṁ Paśupakṣi-saṅgīta, 1989.
vi. Meghadūta-Saṅgīta-Pallavī, 1990.
vii. Saṁskṛta-Saṅgīta-Vaijayantī, 1991.
viii. Ṛtusaṁhāra-Saṅgīta-Surabhi, 1992.
ix. Prabhākara-Nārāyaṇa-Śrīḥ, 1993.
x. Gems of Indian Music and Musicology, 1994.
xi. Erotics In Kālidāsa-1, Nāyakanāyikāguṇālaṅkāra, '95.
xii. Jewels In Sanskrit and Musicology, 1995.
xiii. Śrīsubhāṣacaritam, 1996.
xiv. Gems of Buddhism, 1996.
xv. Saṁskṛta-Saṅgīta-Ratnaśatī, 1996.

* **Research Papers :**

  70 articles and research papers published in reputed Journals, Felicitation and Commemoration Volumes in India and abroad.

* Elected Member of the Executive Committee of All India Oriental Conference (1976-86, 1990-96). Elected President of the Technical Sciences & Fine Arts Section of the XXXIII and XXXVI AIOC and Jt. Secretary of the XXXVIII AIOC.

DELHI
Anantacaturdaśī
26.9.1996

■ **ANJU BALA**